一口气读懂常识丛书

YIKOUQI DUDONG CHANGSHI CONGSHU

一口气读懂

军事常识

本书编写组◎编

NEW

世界图书出版公司

广州·上海·西安·北京

图书在版编目（CIP）数据

一口气读懂军事常识／《一口气读懂军事常识》编
写组编. —广州：广东世界图书出版公司，2010.3（2021.5 重印）
ISBN 978 - 7 - 5100 - 1551 - 9

Ⅰ．①一… Ⅱ．①一… Ⅲ．①军事－青少年读物
Ⅳ．①E－49

中国版本图书馆 CIP 数据核字（2010）第 033768 号

书　　　名	一口气读懂军事常识
	YIKOUQI DUDONG JUNSHI CHANGSHI
编　　　者	《一口气读懂军事常识》编写组
责任编辑	贺莎莎
装帧设计	三棵树设计工作组
责任技编	刘上锦　佘坤泽
出版发行	世界图书出版有限公司　世界图书出版广东有限公司
地　　　址	广州市海珠区新港西路大江冲 25 号
邮　　　编	510300
电　　　话	020-84451969　84453623
网　　　址	http://www.gdst.com.cn
邮　　　箱	wpc_gdst@163.com
经　　　销	新华书店
印　　　刷	三河市人民印务有限公司
开　　　本	787mm×1092mm　1/16
印　　　张	13
字　　　数	160 千字
版　　　次	2010 年 3 月第 1 版　2021 年 5 月第 8 次印刷
国际书号	ISBN　978-7-5100-1551-9
定　　　价	38.80 元

前　言

　　军事作为一种特殊的社会历史现象，在很早的时候就已经出现。古代的军事指的是原始社会末期到奴隶社会和封建社会这一时期。后来随着社会的进步、人类社会生产力发展水平的提高，军事逐渐由部落的简单冲突发展为复杂的对抗性活动，这是军事的第一次变革。不管怎么说，从古代的数以万计的以陆军为主力的战争到现在以高科技为主要手段的战争，军事的发展经历了一个非常漫长的过程。

　　军事，即有关军队和战争的事情和事务。在当今社会，很多高科技如微电子技术、定向能技术、新材料技术等高技术群在军事方面的运用越来越广泛。武器装备也逐渐发展，进入一个新的阶段，各种武器开始走向智能化和非核化，就连曾经不可一世的核武器在不断更新的各种新能量武器面前，也不得不承认遇到了强劲的对手。

　　就目前的军事发展方向而言，以高技术兵器为支撑的战略逐步取代以核威慑为主的战略已经势在必行。所以说，作为新时代新青年，我们有必要了解和学习一些军事知识，以免自己在时代的发展中成为思想落后的人。

　　此外，就整个国家的利益而言，"天下兴亡，匹夫有责"，学习军事利于定国安邦；从小的方面讲，学习军事，可以启动智慧，帮助我们从众多的军事家身上学到经验和教训，从而来指导我们生活

中的实际问题。

　　本书基于这两方面的目的，把军事常识进行编辑整合，搜罗了众多古今中外的著名军事将领，介绍了他们如何运用自己的智慧获得战役的胜利；而且还对古今著名的战役进行了文字上的再现，并深刻剖析了胜败的原因以及所带来的影响；同时，也对世界的知名军事院校进行了介绍，很多优秀的军事将领都是从这里走出来的；本书还罗列了军种、军事制度以及军事兵法等方面的知识；此外本书还介绍了现代军队的各兵种、武器，以及现代高技术战争的特点。

　　孙子曾指出："军事的根本就是保国安民。"虽然当今的时代是相对和平的时代，但战争因素并没有完全消失。因此在争取和平、谋求发展的进程中，了解军事常识已经不仅仅是一种爱好。而且，军事对于我们来说不仅仅是军事，我们还可以从军事家的智慧中得到启发，而这些启发对我们生活工作的各个方面又都有一定的指导意义，有利于我们更好地完善自己、实现理想。由于编者知识水平有限，本书可能还会存在一定的不足，欢迎广大读者批评指正。

一口气读懂军事常识

目　录

军事人物篇

一口气读懂军事常识

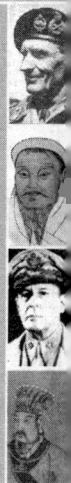

军事战役篇

一口气读懂军事常识

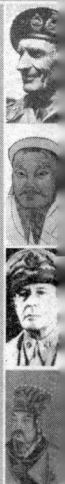

一口气读懂军事常识

军事武器篇

一口气读懂军事常识

军事著作篇

军事院校篇

军制军种篇

一口气读懂军事常识

一口气读懂军事常识

军 事 人 物 篇

管仲

管仲（约前723—前645），春秋时期齐国著名的政治家和军事家。汉族，齐国颍上（今安徽颍上）人。名夷吾，又名敬仲，字仲，谥号敬，史称管子。管仲为周穆王的后代，少时丧父，老母在堂，生活贫困，因此他不得不过早地挑起家庭重担。为维持生计，他和鲍叔牙合伙经商后从军，到齐国后，几经曲折，经鲍叔牙力荐，封为齐国上卿（即丞相），被称为"春秋第一相"，辅佐齐桓公成为春秋时期的第一霸主，所以又有"管夷吾举于士"之说。

管仲注重经济，反对空谈主义，主张改革以富国强兵，他说："国多财则远者来，地辟举则民留处，仓廪实而知礼节，衣食足而知荣辱"。齐桓公尊管仲为"仲父"，授权让他主持一系列政治与经济改革，他的改革内容包括：在全国划分政区，组织军事编制，设官吏管理；建立选拔人才制度，士经三审选，可为"上卿之赞"（助理）；按土地分等征税，禁止贵族掠夺私产；发展盐铁业，铸造货币和调剂物价。管仲改革的实质就是废除奴隶制，向封建制过渡。自管仲改革后，齐国国力大振。对外，管仲提出"尊王攘夷"，联合北方邻国，抵抗山戎族南侵，这一外交战略也获得成功。管仲之所以能相齐成霸，是和鲍叔牙的知才善荐分不开的。管仲晚年曾感动地说："我和鲍叔牙经商而多取财利，他不认为我贪心；同鲍叔牙谋事，我把事情办糟了，他不认为我愚蠢；我三次从阵地上逃跑，他不认为我胆小怕死；我做官被驱逐，他不认为我不肖；我辅佐公子纠败而被囚忍辱，他不认为我不知羞耻……生我者父母，知我者鲍子也！"

一口气读懂军事常识

管仲的著作《管子》共24卷，85篇，今存76篇，内容极其丰富，包含道、名、法等家的思想以及天文、舆地、经济与农业等方面的知识。其中《轻重》等篇是古代典籍中不多见的经济文作，对生产、分配、交易、消费和财政等均有论述，也是研究我国先秦农业和经济的珍贵资料。

孙武

孙武，字长卿，汉族，齐国乐安（今山东广饶）人，具体的生卒年月日不可考。后人尊称其为孙子、孙武子、兵圣。孙武是中国古代著名的军事家，被誉为"百世兵家之师"、"东方兵学的鼻祖"。他著有巨作《孙子兵法》，为后世兵法家所推崇。

孙武出生在一个祖辈都精通军事的世袭贵族家庭里，他长到8岁时，被送进"庠序"接受系统的基础知识教育。那时候，"五教"、"六学"是"庠序"的主要课程。少年孙武天资聪明，对那些艰涩繁杂的"五教"和规定的文化基础课，看两三遍就能熟记于心。

在所有的课程中，孙武最感兴趣的是"六学"中的"射"和"御"。在齐国，每年的九月，都要举办一次全民"射"、"御"逐赛，作为国家选将取才的重要途径，这是很多有志之士展现自我、步入仕途的最佳机会。

孙武从小就有一个理想，那就是长大后要像他的祖父孙书、叔父田穰苴那样，成为一名驰骋疆场的大将军。

后来孙武到了吴国，被伍子胥引荐给吴王阖闾，通过斩姬练兵，孙武很快就取得了吴王的赏识。在伍子胥、孙武的辅佐下，吴国的

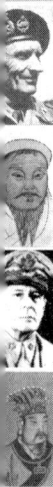

内政与军事都有了很大的起色，因此吴王更加倚重二人，把他们视为左膀右臂。孙武与伍子胥共同帮助阖闾经国治军，制定了以破楚为首要任务，接着南服越国，最后进驻中原的争霸方略；并采取分师扰楚、疲楚的作战方针，使吴取得和楚争雄的主动权。吴王阖闾三年（前512年），吴军攻克了楚的属国钟吾国和舒国，吴王准备攻楚，孙武认为劳民伤财，不可推行。等到公元前506年，吴国攻楚的条件已经成熟，孙武与伍子胥佐阖闾大举攻楚，直捣郢都（今湖北江陵西北）。楚军沿汉水组织防御，和吴军隔水对阵。由于楚军主帅令尹子常为了争功，擅自改变预定的夹击吴军的作战计划，单独率军渡过汉水攻打吴军，结果在柏举战败。吴军乘胜追击，五战五胜，占领了楚的国都郢城，几乎灭亡楚国。

吴国从此强盛起来，开始了攻打越国的战争。在伍子胥与孙武的帮助下，吴国的争霸活动在南方地区取得胜利，争得了霸主地位。

但是随着吴国霸业的蒸蒸日上，吴王阖闾的儿子夫差渐渐自以为是，不再励精图治，对孙武和伍子胥这些功臣也不再那么重视，反而任用奸臣伯嚭。针对勾践求和之事，孙武和伍子胥认为他一定还会卷土重来，所以必须彻底灭掉越国，不能姑息养奸，留下后患。但夫差受到奸臣的挑拨，对孙武与伍子胥的苦谏不予理会。直到伍子胥被夫差逼死，孙武痛心疾首，终于明白"飞鸟尽，良弓藏；狡兔死，走狗烹"的真理，意识到吴国已经不可救药。于是他便悄然归隐，息影深山。在归隐后他根据自己训练军队、指挥作战的经验，修订了兵法13篇，并使其至臻完善。

总之，孙武精通军事、胆识过人，是军事方面难得的能将，而他所著的《孙子兵法》更是军事中的"瑰宝"，被后世视为军事著作的典范。

伍子胥

伍子胥（？—前484），春秋末期吴国大夫，名员，字子胥，是著名的军事家、谋略家。

伍子胥本为楚国人，性格刚强，青少年时就好文习武，很早就显示出勇而多谋的一面。周景王二十三年（前522年），因遭楚太子少傅费无忌的陷害，父、兄被楚平王所杀，被迫出逃楚国，曾发誓必倾覆楚国，以报杀亲之仇。到吴后，知道公子光有大志，于是帮助他刺杀吴王僚，夺取王位，得进用为"行人"，与谋国政。在辅佐吴王阖闾时，改革法制、任用贤能、奖励农商，以此来充实仓廪，增加守备，管理城郭，受到了吴王的大力赏识。后又举荐深通兵学的孙武为将，选练兵士，调整军队，操练武术，吴国很快成为东南地区的强国。

周敬王八年（前512年），伍子胥针对楚国执政者众而不和且互相推诿的弱点，提出分吴军为三部轮番攻打楚，以诱楚全军出战，彼出则归，彼归则出，待楚军疲惫，再大举进攻的战略，被吴王接纳。于是，此后几年间，吴军连年扰楚，迫楚军被动应战，疲于奔命，实力大为削弱。随即吴国展开大举攻楚的准备，先争取与楚有矛盾的蔡、唐两国作为吴的盟国，使楚北方门户洞开，为后来避开楚军防守正面实施突袭创造了条件。其后，又出兵攻打越国，给楚国造成吴国不会大举攻楚的假象，并对楚国施用反间计，使楚国不用知兵善战的子期，而用贪鄙无能的子常为帅。

十四年（前506年），伍子胥与孙武等佐阖闾统领大军沿淮水西进，在楚防备薄弱的东北部实施大纵深突袭战略，直捣楚腹地，以

灵活机动的战法，在柏举击败楚军主力，并展开追击，长驱攻入楚国都郢，终于完成破楚国的大计。但是，由于伍子胥怀有强烈的个人复仇愿望，破楚之后并未安抚民心，吴军因为楚国子民的反对而难以立足。阖闾死后，伍子胥继续辅助吴王夫差。

二十六年（前494年），吴、越两国夫椒之战，越惨败，几乎亡国，夫差急于图霸中原，欲允越国求和之事，伍子胥预见到两国不能共存之态势，又洞察越王勾践图谋东山再起之野心，力谏不可养痈遗患，而应乘势灭越，但遭夫差拒绝。知夫差昧于大势而不可谏，而吴国的未来让人堪忧，为避祸而托子于齐国鲍氏，反遭太宰伯嚭诬陷，被逼自杀。死后仅十年，越国消灭吴国，终于应验他先前的话。

应该说，春秋末期吴国的兴亡，伍子胥发挥着举足轻重的作用。他治国用兵的务实精神以及远见卓识、不凡谋略，都为现在兵法家所推崇。

鬼谷子

鬼谷子，姓王名诩，一说为春秋时代卫国（今河南鹤壁市淇县）人，一说为战国时代卫国（今江西省贵溪市）人，但具体生卒日不详。他是中国春秋战国时代的显赫人物，其长于持身养性和纵横术，精通兵法、武术与奇门八卦，著有《鬼谷子》兵书14篇传世，民间称其为王禅老祖。鬼谷子是"诸子百家"之一、纵横家的鼻祖，也是位卓有成就的教育家。他经常进入云梦山采药修道，因隐居清溪鬼谷，所以称鬼谷子先生。

鬼谷子既有政治家的六韬三略，又擅长于外交家的纵横之术，更兼有阴阳家的祖宗衣钵、预言家的江湖神算，所以世人称鬼谷子

是一位奇才和全才，也有人把他誉为命理师的祖师爷。他的著作主要是《鬼谷子》一书，又叫做《捭阖策》。

鬼谷子为纵横家鼻祖，他招收徒弟从不挑剔，但他的学问不是每个人都能学会的，人称他的学问只要学会一门便可纵横天下。

鬼谷子不仅自己横贯天下，他的很多弟子在当时乃至现在也是盛名远播，有苏秦和张仪两个叱咤战国时代的杰出弟子，孙膑与庞涓也是他的弟子。

总之，鬼谷子不管从衣、食、住、行、医疗、养生教子方面，还是从国家理财、治国方案、内政外交、兵书战策、兵器发明、天文地理和神奇推算等方面，都可以说达到了出神入化的地步。鬼谷子据传说是为个人而笑天下之人，也可以说是个难驾驭之人，他还是中国历史上第一个利用空气动力的人，如制造热气球等。

鬼谷子先生曾任楚国宰相，后归隐卫国授徒，他的书籍流传很少，多为抄译。但他的思想和智慧已经渗透到生活的各个方面。他是中国历史上罕见的奇才。

孙膑

孙膑（？—前316），是中国战国时期杰出的军事理论家和谋略家，其本名不详，汉族山东鄄城人。生于战国时期的齐国阿鄄之间（今山东省的阳谷县阿城镇，鄄城县北一带），是孙武的后代。

孙膑身长七尺（约为161厘米），曾与庞涓同时学习兵法。后来庞涓成为魏惠王的将军，因为嫉妒孙膑，将孙膑骗到魏国，对其处以刖刑，即砍去双脚，因此人们都称他为孙膑。后来他被齐国使者

偷偷救回齐国，受到齐威王赏识而被封为军师。

以后十三年，魏国与赵国攻打韩国，韩国向齐国告急。齐王让田忌为将而出征，直奔大梁。魏将庞涓听说后，离开韩国，迅速返回，齐军早就离开并向西进军了。孙膑谓田忌曰："那三晋的军队素来就悍勇而轻视齐，善于作战的人根据具体的形势而作战。使齐军入魏地挖十万灶，第二天挖五万灶，第三天挖三万灶。"庞涓追行了三日，高兴地说："我就知道齐军胆怯，进入我的地方三日，兵士逃亡的人已经超过一半了。"于是，庞涓丢下他的步军慢行，自己和轻锐部队日夜兼程追逐孙膑。这时，孙膑猜想庞涓的行军傍晚应该到马陵，于是事先了解了马陵的环境，发现马陵道路狭窄，并且旁边有很多阻隘，觉得可以在此设置伏兵，于是砍掉大树刮白而在上面书写到"庞涓死于此树之下"。然后令齐军善射者万弩，夹道而伏，约定说："傍晚时候，看见火举而万箭齐发"。庞涓果然夜晚时分到树木下，看见白书，于是钻火照着看。还没有看完，齐军万弩齐发，魏军大乱。庞涓自知智穷兵败，于是引刀自刭说："遂成竖子之名！"齐军乘胜尽破其军，虏魏太子申而归。孙膑以此名显天下，世传其兵法。

孙膑在军事史上的重要地位，并不仅仅是指在马陵之战中所体现出来的军事谋略与智慧，另外在军事上他还著有《孙膑兵法》这部不朽的著作，为军事理论作出了出色的贡献。

苏秦

苏秦（前340—前284），字季子，东周洛阳轩里人（今洛阳东郊太平庄一带），战国时期的韩国人，他是和同样师从于鬼谷子的张

仪齐名的纵横家，具有"一怒而天下惧，安居而天下熄"的才能。他出身农家，胸怀大志，曾随鬼谷子学习纵横捭阖之术多年。他与赵秦阳君共谋，发动韩、赵、燕、魏、齐诸国合纵，迫使秦国废帝退地。《汉书·艺文志》著录有《苏子》31篇，今佚。帛书《战国策》残卷中，存有其游说辞及书信16篇。

苏秦从鬼谷子学成之后，曾出游许多年，但仍一无所成，直至后来连家人也对他不以为然：妻子在织布，不走下架；嫂子不烧饭给他吃；连亲生父母都不理他。苏秦感叹说："妻子不把我当成丈夫，嫂子不把我当成兄弟，父母不把我当儿子对待，都是秦国的罪过！"于是闭室不出，把所有的书都看了一遍。苏秦苦读太公《阴符》之时，每当困乏欲睡，便用锥刺自己股，这就是典故"悬梁刺股"的由来。

苏秦最为辉煌的时候是劝说六国国君联合，但是由于六国内部的问题，轻而易举就被秦国击溃。

苏秦先在燕国做官，其主要活动是离间齐、赵两国的关系，以减轻齐国对燕国的压力；又和赵国李兑共同联合五国以攻秦国。后来他又离燕国至齐国，受到齐王的重用，但苏秦仍忠于燕国，暗中为燕国效劳。他所采取的策略是劝说齐国攻打宋国，以转移齐国对燕国的注意力，而此时燕昭王则派乐毅突然出兵攻打齐国，齐国因措手不及而被打败。苏秦暗地里和燕国图谋齐国的活动，到此而败露，被齐国处以车裂之刑而死。

苏秦本质上在扮演着一个间谍的角色，他"以弱燕并强齐"，帮助燕昭王颠覆齐国。同时他的合纵政策也使他在战国末年的一系列历史事件中都占有极其重要的地位。《汉书·艺文志》的纵横家类有

《苏子》31篇，是苏秦作品或后人所记有关他的事迹的汇集。

廉颇

廉颇，战国时期赵国杰出的军事家，山东德州陵县人，汉族，生卒年不详。他主要活动在赵惠文王、赵孝成王和赵悼襄王时期，在战国末期与白起、王翦、李牧并称为"战国四大名将"。

赵惠文王初，东方六国以齐最为强盛，齐与秦各为东西方强国。秦国欲东出扩大势力，赵国首当其冲，因此秦王曾多次派兵进攻赵国。作为赵国大将军的廉颇统领赵军屡败秦军，迫使秦改变策略，实行合纵，惠文王五十四年（前258年）在中阳（今山西中阳县西）和赵讲和，后二国联合韩、燕、魏，五国之师共同讨伐齐国，大败齐军，其中，廉颇取得了很高的战绩。赵王大喜，廉颇官拜上卿，廉颇的威力也迫使秦国虎视赵国而不敢贸然进攻。此后，廉颇率军征战，守必固，攻必取，几乎百战百胜，威震列国。

公元前266年，赵惠文王卒，孝成王立。这时，秦国采取应侯范雎"远交近攻"的谋略，一面跟齐国和楚国交好，一面攻打临近的小国。此时，秦赵之间围绕着争夺上党地区（今山西高平县西北）发生了战争。此时，名将赵奢已死，蔺相如病重，于是，赵孝成王命廉颇统帅20万赵军阻击秦军于长平。当时，秦军已南取野王（今河南沁阳），北略上党（今山西中部地区），切断了长平南北联系，士气正盛，而赵军长途跋涉而至，不仅兵力处于劣势，态势上也处在被动不利的地位。面对这一情况，廉颇正确地采用了筑垒固守，疲惫敌军，相机攻敌的作战方针。他命令赵军凭借山险，筑起森严壁垒。尽管秦军数次挑战，廉颇总是严束部众，坚壁不出。赵军森

严壁垒，秦军求战不得，无计可施，锐气渐失。廉颇用兵持重，固垒坚守三年，意在挫败秦军速胜之谋。秦国一看，速胜不行，于是使反间计，赵王求胜心切，终于中了反间计，认为廉颇怯战，强行罢去廉颇官职，封赵括为将。赵括代替了廉颇的职务后，完全改换了廉颇制定的战略部署，撤换了许多军官。秦国见使用赵括为将，便悄悄启用武安君白起率兵攻赵。大败赵军于长平，射杀赵括，坑赵兵40余万。长平之战，赵国损失近50万精锐部队。

赵国自长平之战败于秦国之后，国力大大削弱。廉颇出走魏国。楚国听说廉颇在魏国，就暗中派人迎接他入楚。廉颇出任楚将后，没有建立什么功劳。他说："我思用赵人。"这流露出对祖国乡亲的眷恋之情。尽管回赵最终还是由于奸相郭开的从中破坏而归于失败，但他却给世人留下了一个"廉颇老矣，仍壮心不已"的完美爱国者形象。

总之，廉颇之所以受到后人的爱戴，正是由于他的忠勇爱国，知错就改。他不仅仅是一个优秀的军事家，更是一个受到千古人无限崇敬的历史人物。

白起

白起（？—前258），战国时期秦国名将，也叫公孙起，号称"人屠"。他是中国历史上继孙武、吴起之后又一个杰出的军事家、统帅。

秦国，原本是地处西陲的一个小国，秦孝公时用商鞅变法奠定了国家富强的基础。之后秦国开始不断向外发展势力，国力日益强盛。秦昭王时，任用历来以深通韬略著称的白起为将。秦昭王十三

年（前294年），白起任左庶长，领兵攻打韩的新城（在今河南伊川县西）。第二年，由左庶长迁任左更，出兵攻韩、魏，用避实击虚、各个击破的战法全歼韩魏联军于伊阙（今河南洛阳龙门），斩获首级24万，俘大将公孙喜，攻陷5座城池。因为战功累累，白起晋升为国尉，昭王十五年，再晋升大良造，领兵攻陷魏国，占据大小城池61个。昭王十六年，白起与客卿司马错联合攻下垣城。昭王二十一年，白起攻打赵国，占取光狼城（今山西高平县西）。昭王二十八年，白起攻打楚国，拔鄢、邓等5座城池。次年攻陷楚国的都城郢，焚毁夷陵（今湖北宜昌），向东进兵至竟陵，楚王逃出都城，在陈国避难。秦国以郢都为南郡，白起受封为武安君。昭王三十四年，白起率军攻赵魏联军以救韩，打破联军于华阳（今河南新郑北），魏将芒卯败逃，掳获韩赵魏三国大将，斩首13万，后又与赵将贾偃交战，溺毙赵卒2万人。昭王四十三年，白起攻韩之陉城，攻陷5城，斩首5万。昭王四十四年，白起又攻打韩南阳太行道，断绝韩国的太行道。昭王四十六年，秦攻下韩国缑氏、蔺两地。

昭王四十七年（前260年），秦国派左庶长王龁攻韩，夺取上党。上党的百姓纷纷逃往赵国，赵驻兵于长平（今山西高平县），以便安抚上党之民。昭王四十八年十月，秦再次平定了上党，后军分二路：一路是王龁率领，进攻皮牢（今河北武安）；一路是司马梗攻占太原。而白起自将围攻邯郸。韩国和赵国惊恐万分，派苏代用重金贿赂秦相应侯范雎，晓以利害。于是范雎以秦兵疲惫，急待休养为由，请求允许韩、赵两国割地求和，昭王应允。韩国割垣雍，赵国割六城以求和，正月皆休兵。白起闻知此事，从此与范雎结下仇怨。

一口气读懂军事常识

之后白起被贬出咸阳，昭王和范雎等群臣谋议，白起被贬，不如处死。于是昭王派使者拿了宝剑，令白起自杀。白起伏剑自刎时说："我何罪于天而至此哉？"很久又说："我固当死。长平之战，赵卒降者数十万人，我诈而尽坑之，是足以死。"于是自杀。白起死时，是秦昭王五十年（前257年）十一月。

白起在战场中的冷静毫无疑问使他成为一个绝少犯错的将领，他被后人称为军事上罕见的奇才。

吴起

吴起（？—前381），战国初期著名的政治改革家，卓越的军事家、统帅和军事改革家，汉族，卫国左氏（今山东省定陶）人，著有《吴子》。后世把他和孙子连称"孙吴"，将《吴子》与《孙子》又合称《孙吴兵法》，在中国古代军事典籍中占有重要地位。

《史记·孙子吴起列传》与《儒林列传》记吴起在鲁"尝学于曾子"，至魏又拜子夏为帅。孔门再传弟子中，出现了这样一位与"兵圣"孙武齐名的大军事家。

吴起小的时候，家资十全，他想当官，但从事游说活动并没有成功，以致家庭破产。乡邻都耻笑他，于是吴起就杀了三十多个诽谤他的人，后逃出卫国而东去。在出走与母亲告别时，他咬着臂膀发誓说："不为卿相，不复入卫。"此后他就在曾参门下学习，但是曾参很鄙视他的为人，不久就和他断绝了关系。吴起又跑到鲁国，曾被鲁国起用，但由于鲁国对与卫国的兄弟国家关系产生疑虑，于是辞退了吴起。吴起离开鲁国后，听说魏文侯很贤明，就去投靠了魏国，魏文侯因吴起善于用兵，廉洁而公平，能得到士卒的拥护，

就任命他为西河的守将，抗拒秦国和韩国。特别是周安王十三年（前389年）的阴晋之战，吴起以五万魏军击败了十倍于己的秦军，成为中国战争史上以少胜多的著名战役，也使魏国成为战国初期强大的诸侯国。后来因为吴起不愿娶公主而害怕武侯降罪，于是离开魏国到楚国去了。

楚悼王平素听说吴起很能干，所以吴起一到楚国就被任为相。他的军事才能使楚国越来越强大。吴起得到重用，原来楚国的贵族也开始想谋害吴起，到楚悼王死后，公然与大臣叛乱而攻击吴起，这一年是公元前381年。

吴起虽很有谋略，但他喜好用兵，为了成名可以不惜一切手段。周威烈王十四年，齐国进攻鲁国，鲁国国君想用吴起为将，但因为吴起的妻子是齐国人，对他有所怀疑。吴起为了当将领成就功名，就毅然杀了自己的妻子，以此来表示不会心向齐国，这就是历史上著名的"杀妻求将"。鲁君终于任命他为将军，并让他率领军队与齐国作战。吴起治军严于己而宽于人，与士卒同甘共苦，因而军士皆能效死从命。吴起率鲁军到达前线，没有立即同齐军开仗，表示愿和齐军谈判，先向对方"示之以弱"，以老弱之卒驻守中军，给对方造成一种"弱"、"怯"的假象，用以麻痹齐军将士，然后出其不意地用精壮之军突然向齐军发起猛攻。齐军仓促应战，一触即溃，伤亡过半，鲁军大获全胜。

虽然吴起杀妻求将的做法一直为后人所不耻，但他的政治才能以及军事才能都对后世产生了深远的影响。他被称为是继孙武之后，既善于用兵，同时又具有高深军事理论的第一人。作为军事家，他与孙武齐名，作为政治家、改革家，他与商鞅齐名。

李牧

李牧（？—前229年），战国时期赵国人，汉族，战国时期赵国杰出的军事家、统帅。官至赵国相，大将军衔，受封赵国武安君。李牧的生平活动大致有两个阶段，前一段是在赵国北部边境，抗击凶奴；后一段是在朝中参与政治军事活动，以抵御秦国为主。李牧与白起、王翦、廉颇并称"战国四大名将"。

赵惠文王、孝成王时期，匈奴各部落军事力量逐步恢复强大起来，并不断骚扰赵国北部边境，赵惠文王便派李牧带兵独当北部戍边之责。赵孝成王时，派李牧为将，镇守北边，帅府驻扎在代雁门郡（今山西省西北部宁武县以北一带）。在雁门，李牧采取了一系列的军事经济改革措施，并坚持按既定方针，下令坚守。几年内匈奴多次入侵，都一无所获，但一味的坚守总被认为是胆小避战。李牧让百姓满山遍野地去放牧牲畜，引诱匈奴入侵。过了一段时间，情报员来报告，有小股匈奴到了离边境不远的地方。李牧派了一支小部队出战，佯败于匈奴兵，丢弃下几千名百姓与牛羊作诱饵让匈奴俘虏去。匈奴单于王听到前方战报，十分高兴，因久无缴获，于是率领大军侵入赵境，准备大肆掳掠，结果李牧大败匈奴。后李牧趁胜利之势收拾了在赵北部的匈奴属国，消灭襜褴、攻破东胡、收降林胡，迫使单于向遥远的北方逃去，完全清除了北方的隐患。在取得这次辉煌胜利的战役以后，因害怕赵军的武力，过了十几年，匈奴军队还不敢来入侵赵的边境。李牧也因此成为继廉颇、赵奢之后赵国最重要的将领。

约在公元前246年以后，李牧因国事需要调回朝中，并以相国

身份出使秦国，定立盟约，使秦国归还了赵国的质子。当时，赵奢、蔺相如已死，李牧成为朝中重臣。

李牧是战国末年东方六国最杰出的将领，深得士兵与人民的爱戴，有着崇高的威望。他屡次重创敌军而未尝败，显示了高超的军事指挥艺术。

乐毅

乐毅，汉族，字永霸，生卒年不详，战国后期杰出的军事家，中山灵寿（今河北灵寿西北）人。乐毅曾官位燕国上将军，受封昌国君，辅佐燕昭王振兴燕国，报了强燕伐齐之仇。

乐毅少年聪颖，喜好兵法，深得赵国人推崇。赵武灵王时，因避沙丘之乱来到魏国都城大梁（今河南开封西北），当了大夫。

此时，燕昭王因为子之之乱而被齐国打得大败，燕昭王时刻不忘为燕国雪耻。但燕国弱小并且地处僻远，燕昭王认为自己的力量不足以克敌制胜，于是便屈己礼贤，让贤能之士帮助自己。首先礼待郭隗，借此招揽天下英才。乐毅正好在此时替魏出使到燕国，燕昭王用客礼厚待乐毅。乐毅谦辞退让，最后终于被昭王诚意打动，答应在燕国为臣，燕昭王封乐毅为亚卿（仅次于上卿的高官）。

燕昭王欲兴兵伐齐，御史向乐毅问计。乐毅回答说："发动天下的兵马而攻打齐国。"燕昭王接受了乐毅的建议，便派乐毅去赵同惠王盟约攻打齐国，并请赵国以伐齐之利诱说秦国，予以援助。又派剧辛为使臣分别到楚国和魏国进行联络，当时各国都厌恶齐愍王的骄暴，听说联兵攻打齐国，都表示赞同。

乐毅返回燕国后，燕昭王在公元前284年派乐毅为上将军，同

时赵惠王也把相印交予乐毅，乐毅率全国之兵会同赵、楚、韩、魏、燕五国之军攻打齐国。齐愍王闻报，亲率齐军主力迎于济水之西。两军相遇，乐毅亲临前敌，率五国联军向齐军发起进攻。齐愍王大败，率残军逃回齐国都城临淄。乐毅率燕军乘胜追击齐军至临淄，齐愍王见都城孤城难守，于是率少数臣僚逃往莒城（今山东省莒县）固守。乐毅用连续进攻、分路出击的战法，陷城夺地，攻入齐国都城临淄后，尽收齐国珍宝、财物、祭器运往燕国。燕昭王十分欣喜，亲自到济水前来犒赏、宴飨士兵，并为感谢乐毅的功劳，将昌国城（今山东省淄川县东南）分封给乐毅，号昌国君。

前278年，燕昭王死，太子乐资即位，称为燕惠王。燕惠王听信谣言，下令派骑劫为大将去齐国接替乐毅。乐毅深知燕惠王欲收回他的兵权，他认为"善作者不必善成，善始者不必善终"，于是拒绝回燕国而西向去了赵国。赵王隆重地接待了他，并封他望观津（今河南省商丘东），号望诸君。

乐毅奔赵后，骑劫来到齐国，一反乐毅原来的战略部署和争取齐人的正确政策，而施之以残暴，激起了齐国军民的强烈反抗。田单设谋诓骗燕军，在即墨城用火牛阵大破燕军，杀死骑劫，转而追歼燕军到黄河边上，收复齐国所失之城邑，将燕军逐出齐国境内，从莒迎齐襄王归临淄。燕惠王后悔派骑劫代替乐毅，便封乐毅之子乐间为昌国君。

尽管乐毅受到不公待遇，但他也并不因个人得失而说赵伐燕，以泄私恨，而是居赵、燕两国客卿的位置，往来通好，乐毅最后死于赵国。《史记》中赞乐毅曰："昌国忠谠，人臣所无"。

王翦

王翦，生卒年不详，秦代杰出的军事家，频阳东乡（今陕西省富平县东北）人，他是继白起之后秦国的又一位名将。与其子王贲在辅助秦始皇统一六国的战争中立有大功，除韩之外，其余五国均为王翦父子所灭。

王翦少年时期就喜爱兵法，事奉秦始皇征战。始皇十一年（前236 年），王翦领兵攻破赵国阏与（今山西和顺），拔九城，夺取赵漳水流域。十八年（前229 年）又攻打赵国，历时一年，攻陷赵都，虏赵王迁，赵王降，赵成了秦的一个郡。次年，燕王派荆轲刺杀秦王。秦王于是派王翦将兵攻打燕国，击破燕军主力于易水西，燕王逃到了辽东，王翦平定了燕蓟，得胜而归。秦使翦子王贲击楚，还击魏，魏王降，遂定魏地。

他曾破赵国都城邯郸，消灭燕、赵，以秦国绝大部分兵力消灭楚国。他与白起、廉颇、李牧并称"战国四大名将"。

王翦在秦代任将时，曾因奸臣从中作梗而导致秦王疏远他，也是迫不得已而告老还乡。但是当荆兵向西进军时，王翦在国难当头的时刻，义无反顾地重新带领军队攻打荆军，表现了王翦不计个人恩怨，以国家利益为重的品格。

秦始皇二十六年（前221 年），秦统一中国，史书称"王氏和蒙氏功为多，名施于后世"。

蒙恬

蒙恬（？—前210 年），秦始皇时期的著名将领，汉族，祖籍齐

国，山东人。传说他曾改良过毛笔，是祖国西北最早的开发者，也是古代开发宁夏第一人，被誉为"中华第一勇士"。

蒙恬出身于一个世代名将之家。祖父蒙骜为秦国名将，事秦昭王，官至上卿。庄襄王二年（前248年），曾经伐韩、攻赵、取魏国城，为秦立下了战功。其父蒙武曾为秦裨将军，与王翦一起灭楚，亦屡立战功。蒙恬少年习刑狱法，担任过审理狱讼的文书。

始皇二十六年（前221年），蒙恬被封为将军，攻齐时因破齐有功被拜为内史（秦朝京城的最高行政长官），其弟蒙毅也位至上卿。蒙氏兄弟深得秦始皇的尊宠，蒙恬担任外事，蒙毅常为内谋，当时号称"忠信"，其他诸将都不敢与他们争宠。

秦统一六国后，蒙恬奉命率三十万大军北击匈奴，收复河南地（今内蒙古河套南伊克昭盟一带），自榆中（今内蒙古伊金霍洛旗以北）至阴山，设三十四县。又渡过黄河，占据阳山，迁徙人民，充实边县。其后修筑西起陇西临洮（今甘肃岷县），东至辽东（今辽宁境内）的万里长城，把原燕、赵、秦的长城连为一体。长城利用地形，借着天险设制要塞，有力地遏制了匈奴的南进。后他受遣为秦始皇巡游天下开直道，从就原郡（今内蒙包头市西南）直达甘泉宫，截断山脉，填塞深谷，全长一千八百里，可惜没有修竣完工。蒙恬征战北疆十多年，威振匈奴。

始皇三十七年（前210年）冬，秦始皇游会稽途中患病，派身边的蒙毅去祭祀山川祈福，不久秦始皇在沙丘病死，死讯被牢牢封锁。中车府令赵高这时得宠于公子胡亥，他想立公子胡亥，于是暗中谋划政变，立胡亥为太子。因早先赵高犯法，蒙毅受命公正执法，引起赵高对蒙氏的怨恨。胡亥即位，便遣使者以捏造的罪名赐公子

一口气读懂军事常识

扶苏、蒙恬死。

使者对蒙恬说："你犯的罪过太多。"蒙恬说："自从我先人直到子孙，为秦国出生入死已经有三代。我统领着三十万大军。"虽然身遭囚禁，以他当时的势力足以背叛，但蒙恬选择守义而死，于是吞药自杀。

司马迁在《史记》中称蒙恬是秦将，内史忠贤。蒙恬无论是在秦朝中所立的赫赫战功，还是修建长城的丰功伟绩，都足以让后人感叹万千。

项羽

项羽（前232—前202），姓项，名籍，字羽，秦末重要的反秦领袖之一，秦亡后自封西楚霸王。汉族，下相（今江苏宿迁）人，他是楚国名将项燕之孙，中国古代起义领袖，又是著名的军事家、战略家。

楚国灭亡之后，项氏家族惨遭屠杀，少祖父项董被车裂于家乡吴中。他与弟弟项庄随叔父项梁流亡到吴中（今浙江湖州）。年少时项梁曾请人教他书法诗歌，籍学了没多久就厌倦了，后梁又请人教他武艺，没多久又不学了。项梁非常生气，籍曰："学文不过能记住姓名，学武不过能以一抵百，籍要学便学万人敌！"于是梁就教授他兵法。但他学了一段时间后又不愿意学了，梁只好顺着他不再管他。

项羽在年青的时侯志向便极为远大。一次秦始皇出巡在渡浙江时，项羽见其车马仪仗威风凛凛，便脱口而出："彼可取而代之。"秦二世元年（前209年），陈胜、吴广在大泽乡振臂一呼，揭竿而起，项羽随叔父项梁在吴中刺杀太守殷通举兵响应，此役项羽独自

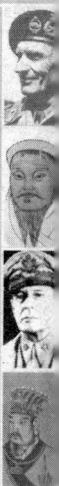

斩杀殷通的卫兵近百人，第一次展现了他举世无双的武艺。二十四岁的项羽，就这样被人民起义的急风暴雨推上了历史舞台。

项羽在中国军事思想上，是"勇战"派的代表人物，被誉为中国历史上最强的武将。他是力能举鼎气压万夫的盖世豪杰，号称"西楚霸王"。大泽乡起义不久，项羽在江东斩郡守后崛起，举兵反秦。率军入关中，以五诸侯灭暴秦，威震四海，分裂天下，册封十八诸侯，大政皆由羽出，号为"霸王"，权同皇帝。他的出现，为中国的历史掀起了一场风云，写下了一段不朽的神话。

南宋词人李清照曾写过一首《夏日绝句》："生当作人杰，死亦为鬼雄。至今思项羽，不肯过江东。"无疑，这是对项羽，尤其是对项羽不肯过江东一事的高度评价。项羽是一个高傲、霸气的热血男儿，有着一代叱咤风云的雄主的豪迈气概，可是他又有一个非常致命的弱点，即轻信多疑，因此早早就走向自我灭亡的后果。

韩信

汉朝楚王韩信（？—前196），汉族，古淮阴（今江苏省淮安市淮阴区人），楚王、齐王以及上大将军。韩信作为西汉的开国功臣，初属项羽，后归刘邦。他是公元前3世纪中国历史上，也是世界上最杰出的大军事家、大战略家。从中国军事思想上讲，他是"谋战"派代表人物，被后人奉为"兵仙"、"战神"。"王侯将相"韩信一人全任。"国士无双"和"功高无二，略不世出"是楚汉之时人们对其的评价。

韩信熟谙兵法，自言用兵"多多益善"，作为战术家韩信为后世留下了大量的战术典故，如明修栈道、暗渡陈仓，临晋设疑，夏阳

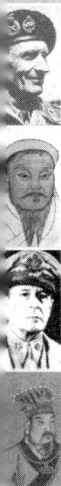

偷渡,木罂渡军,背水为营,拔帜易帜,传檄而定,沈沙决水,半渡而击,四面楚歌,十面埋伏等。韩信的用兵之道,为历代兵家所推崇。作为军事家,韩信是继孙武、白起之后最为著名的将领,他最大的特点就是灵活用兵,是中国战争史上最善于灵活用兵的将领,其指挥的井陉之战、潍水之战都是战争史上的杰作;作为战略家,他在拜将时的言论,成为楚汉战争胜利的根本方略;作为统帅,他一人之下,万人之上,率军出陈仓、定三秦、擒魏、破代、灭赵、降燕以及伐齐,直至垓下全歼楚军,无一败绩,天下莫敢与之相争;作为军事理论家,他和张良整兵书,并著有兵法三篇。因此,韩信可以称得上是军事上的全才。

李广

李广(前183—前119),陇西成纪(今甘肃天水秦安)人,西汉著名军事家。做过骑郎将、骁骑都尉、未央卫尉和郡太守,镇守边郡使匈奴不敢犯多年,人称"飞将军"。但是他一生未得封侯,恐怕是时运不济,有历史典故"冯唐易老,李广难封",公元前119年,随卫青出征匈奴,因为迷路失期,"终不能复对刀笔之吏",引颈自刎。

李广祖先是秦朝将军李信,因此他得以接受世传弓法,射得一手好箭。汉文帝十四年(前166年),匈奴大举入侵边关,李广以良家子弟从军抗击匈奴。由于善于用箭,杀死和俘虏了众多敌人,升为郎中,以骑士侍卫皇帝。汉景帝即位后,李广为陇西都尉,不久升为骑郎将。吴楚七国之乱时,李广任骁骑都尉跟随太尉周亚夫抗击吴楚叛军,后因夺取叛军帅旗而在昌邑城下立功显名。诸王叛乱

平定后，李广任上谷太守，匈奴日以合战。因"李广才气，天下无双，自负其能，数与虏敌战，恐亡之。"于是他被任为上郡太守。后来李广又在陇西、北地、雁门、代郡和云中等地做太守，以打硬仗而闻名。

公元前140年，汉武帝即位，众臣认为李广是名勇将，武帝于是调任李广任未央宫的卫尉。李广任右北平太守后，匈奴畏惧，避之，数年不敢入侵右北平。不久，郎中令石建死，李广被任命为郎中令。元朔六年（前123年），李广又被任命为后将军，跟从大将军卫青的军队出定襄，击匈奴。公元前121年，李广以郎中令身份率四千骑兵从右北平出塞，与博望侯张骞的部队一起出征匈奴。元狩四年（前119年），他被任命为前将军，随卫青出征，深入漠北打击匈奴。

李广一生都在边关戍敌，和匈奴打过七十多场仗，以骁勇善射和智谋超群著称，匈奴闻其名则远而避之，不敢和他相战，堪称不战而屈人之兵。李广治兵宽缓不苛，和士卒同甘共苦，深受边关军民的爱戴。因此李广将军在历代的边疆士兵中都有着崇高的威望，是一位"才气天下无双"的将领。

诸葛亮

诸葛亮（181—234），三国时期杰出的政治家、外交家以及军事理论家。字孔明，号卧龙，汉族，琅邪阳都（今山东临沂市沂南县）人。蜀汉丞相，在世时被封为武乡侯，谥为忠武侯，人们称他"卧龙"。

建安二年（197年），诸葛玄病逝，诸葛亮与弟弟在隆中务农。诸葛亮平日好念梁父吟，又常用管仲、乐毅来比拟自己，当时的人

对他都不以为然，只有好友徐庶、崔州平、孟建、石韬相信他的才干。

有关诸葛亮最著名的典故就是"三顾茅庐"。当得知诸葛亮的才智后，刘备便亲自前往拜访，去了三次才见到诸葛亮，刘备叫其他人避开，就当今天下的时事向诸葛亮提问道："现今汉室衰败，奸臣假借皇命做事，皇上失去大权。我没有衡量自己德行的能力，想以大义重振天下，但智慧、谋略短小、不够，所以时常失败，直至今日。不过我志向仍未平抑，你有没有计谋可以帮助我？"诸葛亮向他陈说了三分天下之计，分析了曹操不可取，孙权可作援的形势；又详述了荆、益二州的君主懦弱，只有拥有此二州才可争胜，即说明了夺取此二州的必要性及可能性；更向刘备讲述了攻打中原的战略。刘备听后更加大赞，非常高兴，就封他为官，从此诸葛亮开始辅助刘备。刘备经常和他讨论时事政治，关系也日渐亲密。

诸葛亮作为一国的丞相，安抚百姓、遵守礼制、约束官员、慎用权利，对人开诚布公、胸怀坦诚，为国尽忠效力，即使是自己的仇人也加以赏赐，玩忽职守犯法的就算是自己的亲信也给予处罚，只要诚心认罪伏法就是再重的罪也给予宽大处理，巧言令色逃避责任就是再轻的过错也要从严治理，再小的善良和功劳都给予褒奖，再微不足道的过错都予以处罚；他处理事务简练实际，能从根本上解决问题，不计较虚名而重视实际，贪慕虚荣的事为他所不齿，终于使全国上下的人既害怕他，又敬仰他。使用严刑峻法却没有人有怨言，这是因为他用心端正坦诚而对人的劝戒又十分明确正当的缘故。

诸葛亮是历史上治理国家的优秀人才，其才能与管仲、萧何则

有过之而无不及。

李靖

李靖（571—649），字药师，原名药师，唐代著名的军事将领和军事理论家，雍州三原（今陕西三原县东北）人。

李靖出生在官宦之家，祖父李崇义曾担任殷州刺史，封永康公，父李诠在隋朝做官，官至赵郡太守。李靖身材魁梧，由于受家庭的熏陶，从小就有"文武才略"，并极有进取之心。他曾对父亲说："大丈夫若遇主逢时，必当立功立事，以取富贵。"他的舅父韩擒虎是隋朝名将，每次和他谈论兵事，无不拍手称绝，并对他说："可以和你讨论孙子、吴起之兵术的人，只有我一个人了。"

大业（605—617）末年，李靖任马邑郡丞。这时，反隋暴政的农民斗争已风起云涌，河北窦建德，河南翟让、李密，江淮杜伏威和辅公祏等领导的三支主力军涤荡着隋朝的腐朽统治。身为隋朝太原留守的李渊也暗中招兵买马，伺机而动。李靖察觉到了他的这一动机，于是"自锁上变"，前往江都，以告发此事。但当李靖到了京城长安时，关中已经大乱，并因道路阻塞而未能成行。不久，李渊于太原起兵，并很快攻占了长安，抓住李靖，决定将其斩首。但李靖满腹经纶，壮志未酬，在临刑时大声高呼："你们起义兵，本来想为天下除暴乱，不想就大事，而以私怨杀壮士吗？"此种言谈举止为李渊所欣赏，李世民也钦慕他的才识和胆气，因此获释。一段时间后，李靖被李世民召入幕府，充当三卫。

武德元年（618年）五月，李渊建立唐朝称帝，李世民被册封为秦王。为了平定割据势力，李靖随从秦王东进，平定在洛阳称帝

的王世充，按军功授任开府。为了削平后梁萧铣这一割据势力，唐高祖李渊调李靖赴夔州捉拿萧铣。李靖奉命，率军队赴任，在途经金州（今陕西安康）时，正好遇上蛮人邓世洛率数万人屯居山谷间，庐江王李瑗进军讨伐，接连失败。李靖为庐江王出谋划策，一举击败了蛮兵，于是顺利通过金州，抵达峡州。李渊却误认为他滞留不前，贻误军机，诏令许绍将他处死。许绍爱惜他的才干，为他请命，才免于一死。不久，开州蛮人首领冉肇则背叛唐朝，率军队进犯夔州，赵郡王李孝恭率唐军出战失败，李靖就率八百士卒袭击敌人营垒，打败蛮兵。后又在险要处布下伏兵，一战就杀死冉肇则，俘获五千多人。当捷报传到京师时，唐高祖高兴地对公卿说："我听说使功不如使过，李靖果然证实这句话的真理性。"于是立即颁下玺书，慰劳李靖说："卿尽忠尽力，表彰你的功劳，不要担心今后的富贵。"李靖的精诚至忠博得了李渊的信用，李渊最终改变了对他的成见，并亲笔写诏令，和李靖说："既往不咎，旧事我已经忘了好久了。"

武德四年（621年）正月，李靖上陈了攻灭萧铣的十策，得到了唐高祖的重视，擢任李靖为行军总管。李靖佐助李孝恭出师消灭了江南最大的割据势力后梁，战功卓著，唐高祖诏封他为上柱国、永康县公。战事结束，就擢任为检校荆州刺史。

后来，李靖带军进击定襄，一举攻入城内，颉利可汗仓皇逃往碛口。李靖因军功被封为代国公。李靖才兼文武、出将入相、军功卓越，为唐朝的统一与巩固立下了赫赫战功。

郭子仪

郭子仪（697—781），唐代著名的军事家，汉族，华州郑县人，

祖籍山西汾阳。

郭子仪，武举出身，高7尺3寸，勇武不凡。他曾在安史之乱时任朔方节度使，在河北打败史思明，后联回纥收复洛阳和长安两京，功居平乱之首，晋升为中书令，被封为汾阳郡王。代宗时，叛将仆固怀恩勾引吐蕃、回纥进犯关中地区，郭子仪正确地运用了结盟回纥，打击吐蕃的策略，保卫了国家的安宁。郭子仪戎马一生，屡建奇功，直到84岁才告别沙场。天下因有他而获得安宁达20多年。他"权倾天下而朝不忌，功盖一代而主不疑"，举国上下，享有崇高的威望和声誉。

安史之乱，是指由安禄山和史思明发动和进行的叛乱战争。安史之乱爆发后，玄宗升迁郭子仪为卫尉卿，兼灵武郡太守，充朔方节度使，命令他带领本军征讨叛军，唐朝的国运几乎一瞬间全系郭子仪一人身上了。郭子仪丝毫不懈怠，马上亲赴校场，检阅三军，誓师出征。756年4月，朔方军旗开得胜，一举收回重镇云中（今山西省大同市），打败叛军薛忠义，坑其骑兵2000人。接着郭子仪又使别将公孙琼岩率2000骑兵攻击马邑（今山西省朔县东北），大获全胜。由此打通了朔方军和太原军的联系，使安禄山下太原，入永济，夹攻关中之军事行动无法完成，从而赢得了战略上的主动权。捷报传自京城长安，人心稍安，郭子仪以功加御史大夫。

就在此时，朝廷命郭子仪回到朔方，补充兵员，从正面战场攻击叛军，希望收复洛阳。郭子仪认为，必须夺取河北各郡，切断洛阳和安禄山老窝范阳之间的联系，绝其后方供给线，才能有效地打击叛军前线的有生力量。于是郭子仪急率军东进，火速驰至常山，和李光弼会合，以10万官军，和史思明会战于九门城（今河北省藁

城西北）南，大获全胜。安禄山忽闻败报，心惊胆寒。急忙从洛阳抽调2万兵马，派谢希德北上增援，又发范阳老巢的精兵万余人，下令牛廷蚧南下助战，会合5万叛军准备卷土重来。

郭子仪这时驻扎恒阳（今河北曲阳），他见贼兵兵锋甚锐，兵力大增，欲求决战，仍然实行疲敌战术。而军队也加紧修筑防御工事，深沟高垒，严阵以待。由于郭子仪指挥得当，唐军奋勇无畏，锐不可当，而叛军士气低落，阵势混乱，四处溃逃。史思明看见败局已定，逃回博陵，总算捡了一条命。郭子仪指挥官军乘胜前进，进围博陵，声威大振。

而安禄山依然不能小觑，叛军占领长安和洛阳后，整个局势急转直下，朝廷危在旦夕。收复两京对挽救危局具有重大的政治意义。

肃宗即位后求胜心切，向回纥借兵15万，并且任命自己的儿子李做为天下兵马大元帅，郭子仪为副元帅。郭子仪从房官的失败中得到了教训，认为要收复两京，必须先夺取潼关，进入陕州（今河南陕县），击溃潼和陕之间的叛军，截断叛军的后路，然后才能直取长安。贼将崔乾祐据守潼关，郭子仪在潼关打败贼兵，崔乾祐退到蒲州据守。等到郭子仪进攻蒲州，赵复等人杀死守城的贼兵，打开城门迎接郭子仪进城。郭子仪遂收复陕郡的永丰仓。公元757年，安禄山被李猪儿杀死。郭子仪收复了都城长安后，又奉命率军乘胜东进，攻打洛阳，并一举收复洛阳。郭子仪由于战功封为代国公，不久，郭子仪入朝，肃宗慰劳他说："虽吾之家国，实由卿再造。"郭子仪非常感谢。

郭子仪一生谦虚谨慎、与人为善，对国家的贡献举不胜数，屡次临危受命，挽狂澜于既倒，平安史之乱，御外敌入侵，辅佐了玄宗、

肃宗、代宗、德宗四代皇帝，有国家再造的不世之功。司马光曾在《资治通鉴》里高度评价郭子仪是"天下以其身为安危者殆三十年，功盖天下而主不疑，位极人臣而众不嫉，穷奢极侈而人不非之"。

岳飞

岳飞（1103—1142），精忠报国之人，字鹏举，汉族，河北西路相州汤阴县永和乡孝悌里（今河南省安阳市汤阴县城东30里的菜园镇程岗村）人。他是南宋著名的军事家，也是南宋著名的民族英雄和抗金名将，被誉为"南宋中兴四将"之一。岳飞死后谥武穆，后改谥忠武。

岳飞20岁开始投军抗金，但最后却被秦桧陷害，岳飞父子以谋反罪名被逮捕审讯，尽管没有任何证据也没有审出任何结果，但赵、秦仍然决定杀害岳飞父子和张宪，而秦桧创造发明了"莫须有"的罪名。韩世忠当面质问秦桧，秦桧其词"其事体莫须有（难道没有这样的事吗）"。绍兴十一年农历十二月廿九（1142年1月27日）除夕之夜，一代名将岳飞及其儿子岳云、部将张宪在杭州大理寺风波亭内被杀害。岳飞被害前，在风波亭中写下8个绝笔字："天日昭昭，天日昭昭"。

岳飞被害后，狱卒隗顺冒了生命危险将岳飞遗体偷出杭州城，埋在钱塘门外九曲丛祠旁。隗顺死前曾说：岳元帅尽忠报国，今后必有给他昭雪冤案的一天！岳飞被害21年后，绍兴三十二年（1162年），宋孝宗即位，便下诏平反岳飞，追封鄂王，谥武穆，忠武，改葬在西湖栖霞岭，即杭州西湖畔"宋岳鄂王墓"，并立庙祀于湖北武昌，额名忠烈，修宋史列志传记。

岳飞精忠报国的精神深受中国各族人民的敬佩。其留下的《岳武穆集》，存词3首。其率领的军队被称为"岳家军"，金人也因此流传着"撼山易，撼岳家军难"的名句。

成吉思汗

元太祖（1162—1227），即成吉思汗，字儿只斤氏，名铁木真，蒙古族，他是世界历史上的杰出政治家、军事家。

公元1206年，成吉思汗被推举为蒙古帝国的大汗，统一了蒙古高原各部落。他在位期间，多次发动征服战争，征服地域西到黑海海滨，东边包括几乎整个东亚，建立了世界历史上最著名的横跨欧亚两洲的大帝国之一。

成吉思汗出生于蒙古乞颜部贵族世家，父也速该有拔都（勇士）称号。铁木真降生时，正好他的父亲在作战中俘获塔塔儿部首领铁木真兀格，为纪念此次战役的战功，故取了这名字。他生于额尔古纳河北部的河边，9岁时，父亲早逝，稍长，依附蒙古高原最强大的克烈部首领脱里（后称王汗），并尊称他为父，才得到收聚他父亲的旧部的机会。他后又与札答阑部首领札木合结为安答（义兄弟），逐步发展势力。

成吉思汗立国后，势力益盛，开始对外发动大规模征服战争。经过二十余年和西夏的战争，屡创西夏军主力，迫西夏国王投降，削灭了金朝西北屏障，从而顺利南下攻金。为适应攻城需要，成吉思汗采用部将建议，建立了炮军，攻城用炮石为先工。成吉思汗十二年（1217年），成吉思汗自率主力返回蒙古准备西征。成吉思汗十四年，以西域花剌子模国杀蒙古商人和使者为由，以军事扩张与掳掠财物为

一口气读懂军事常识

目的，亲率大军约 20 万分路西征。数年间他先后攻取讹答剌（在今锡尔河中游）、布哈拉及撒马尔罕等地。成吉思汗十九年，班师回到漠北。成吉思汗二十一年，率军 10 万歼灭西夏军主力。成吉思汗正想集中全力攻金，不料却于二十二年七月十二（1227 年 8 月 25 日）在六盘山下清水县（今属甘肃）病逝，年 66 岁。

成吉思汗所创立的强大的骑兵以及一系列骑兵作战的战略，使他成为世界历史上最伟大的军事统帅，被誉为世界上伟大的成功者之一。

戚继光

戚继光（1528—1588），明代著名抗倭将领、民族英雄、军事家、武术家。字元敬，号南塘，晚号孟诸，汉族，山东登州人。

戚继光父戚景通，世代为官，嘉靖十七年（1538 年），戚继光10 岁继承其父爵，官居四品。嘉靖二十八年（1549 年）戚继光参加武举，在考试时庚戌之变发生，于是被分配到蓟门，与鞑靼军战斗后写下了《备俺答册》。后来他就在闽、浙、粤沿海诸地抗击来犯倭寇，历十余年，大小 80 余战，终于扫平倭寇之患。

因戚继光少时就好读书，通经史大义。嘉靖二十三年（1544年）依例袭父职为登州卫指挥佥事。三十二年，他又任都指挥佥事，备倭山东。三十四年，调任浙江都司佥事，旋进参将，分守宁波、绍兴、台州（今浙江临海）三府。三十六年以劾免官，旋以平汪直功复官，改守台州、金华、严州（今浙江建德东北）三府。而后浙江出现常被倭寇骚扰的情形，而旧军素质不良，于是戚继光招募很多农民和矿徒，组成新军。戚继光严明纪律，赏罚必信，并配以精

良战船和兵械，精心训练。他还针对南方多湖泽的地形与倭寇作战的特点，审情度势，创造了攻防兼宜的"鸳鸯阵"战术，即以十一人为一队，配以盾、矛、枪、狼筅与刀等长短兵器，因敌因地变换队形，灵活作战，每战多捷，戚继光堪与俞大猷齐名。

戚继光是明朝著名的爱国将领，他所建立的新军被后人称为"戚家军"，它的作战方针战略为后世兵法家提供了很好的借鉴。

格兰特

格兰特（1822—1883），原名海勒姆·尤利西斯·格兰特，小名勒斯，出生于1822年4月27日，美国军事家、政治家。父亲杰西·鲁特·格兰特是一位皮革小商人，母亲汉娜·辛普森是一位农场主的女儿，格兰特个子矮小，其貌不扬，但他的事业却有声有色，轰轰烈烈。格兰特毕业于西点军校，于南北战争中发迹。

1839年，他得到了国会议员托马斯·赫穆去西点军校的推荐信。虽然很不情愿，但是在父亲的威逼下，格兰特还是在1839年5月29日来到了西点军校，在那里他并没有什么突出的成绩。四年后格兰特毕业时正是墨西哥战争，他被授予少尉军衔派到了第四步兵团，但是只是在军需处。直到在马里莫与查培尔佩戈战役中，格兰特才参加了实际战斗，而且表现得非常勇敢。战争后上升到中尉，派到了西部地区继续服役。1853年，格兰特因为在工作期间酗酒，被"流放"到旧金山。

1854年，他在上司的要求下，以上尉军衔退役，回到老家做起了倒卖矿石与杂货的生意人。内战爆发后，格兰特被作为预备役征召入伍并授予了上校军衔，但他回绝了，直到州长亲自与他约见才

不得不接受。于是他担任了第21伊利诺伊步兵团的指挥,后来很快被提拔为准将。

　　格兰特的第一个大胜利,来自他向亨利要塞与道格拉斯要塞围攻的成功,在1862年2月,他先后攻取了这两个在密西西比河流域的重要据点。这个胜利对北方是一个巨大的鼓舞,此时的北军在东部战场的情况还很不乐观,北军陷入了苦战。林肯听到后,就提拔格兰特为少将。格兰特被任命开始组建田纳西方面军,认识了他的老乡威廉·提康普赛·谢尔曼,谢尔曼此时是他的师长。4月,格兰特遇到了西部战场上最血腥的一次战斗。田纳西方面军在夏伊洛迎来了他们的头一次战役,战役第一天,北军明显无法适应南军的迅猛打击,匆促迎战,结果大败而归。而后,谢尔曼在南军迅速对先前溃退的北军追击的时候,出其不意地从斜面杀出,猛击了对方的侧翼,南军受到了严重的打击,乱作一团。而这时在败退中的格兰特也趁势大杀回马枪,反败为胜,将南军完全击溃。

　　1863年初,格兰特又亲自带领部队开始对维克斯堡展开了围攻作战。到了1863年5月,格兰特军队已经将维克斯堡完全地包围了,并指示炮兵向维克斯堡进行无间断炮击。南军在坚守了7个月后,弹尽粮绝,终于向格兰特"无条件投降"。至此,北军完全控制了密西西比河流域,然后开始威胁南方的后方地区。以后格兰特毫不松懈继续推进,进展极为顺利。

　　1864年4月,林肯任命格兰特为陆军总司令,他开始转战至东部战场。南方军队有一名将李,格兰特大胆放言,他一定要打破李这个"南方的神话"。后来在阿托克马两人终于有了随后的战斗,经过激烈的对决,李已然面临被包围的处境,决定投降。最后,双方

在互相尊重的气氛中签署了协议。此后，格兰特开始担任全美陆军总司令，并发动了对印第安人的最后一战。

而格兰特凭着战争期间带来的巨大威望，成为共和党候选人并赢得了总统选举，成为第十八任美国总统，日后还连任一届。

麦克阿瑟

道格拉斯·麦克阿瑟（1880—1964），著名军事家，第二次世界大战时期历任美国远东军司令、西南太平洋战区盟军司令，战后出任驻日盟军最高司令以及"联合国军"总司令等职。

麦克阿瑟在 1880 年 1 月 26 日出生于美国阿肯色州小石城的军人家庭。他的父亲小阿瑟·麦克阿瑟是美国将军，正是他的父亲启发他成为了一名军人。正如麦克阿瑟在晚年时说过的："我最早的记忆即是军号声！我的父亲不但给予我生命，还给予了我一生的职业道路。"1899 年，麦克阿瑟考上美国军事学院并以优异的成绩毕业，被破格晋升少尉后赴菲律宾任美军第三工兵营少尉。

1917 年，美国参加第一次世界大战后，在各州国民警卫队抽调人员组成第四十二步兵师，并命麦克阿瑟担任第四十二步兵师参谋长，晋升成上校，赴法国参加世界大战。由于麦克阿瑟作战勇敢以及指挥有方，数次获得勋章并升任第八十四旅准将旅长。不久麦克阿瑟又接受上将临时军衔，宣誓就职美国陆军参谋长。

1937 年底，麦克阿瑟从美国陆军退役，着手组建菲律宾陆军。12 月 8 日，日军偷袭珍珠港之后，向菲律宾发动进攻。罗斯福于 1942 年 2 月 8 日以国家的名义，命令麦克阿瑟及其家属撤离菲律宾。2 月 22 日与 23 日，罗斯福与马歇尔连续给麦克阿瑟发电，让他撤

离，并让麦克阿瑟到澳大利亚指挥盟军反攻，3 月 11 日晚，麦克阿瑟撤离。于是所有部队就从马尼拉撤往巴丹半岛固守，宣布马尼拉是不设防城市。1942 年 1 月，日军攻占马尼拉。

到达澳大利亚之后，麦克阿瑟率参谋长萨瑟兰先把司令部设在布里斯班，后又前移到莫尔斯比港，目的是稳住莫尔斯比，和日军在欧文·斯坦尼山进行决战。经过 1942 年的中途岛战役与 1943 年的瓜达尔卡纳尔战役，盟军开始从战略防御转入战略进攻。菲律宾群岛战役是用麦克阿瑟所率盟军 1944 年 9 月的摩罗泰岛与帕劳群岛登陆作战为先导的。10 月，盟军以登陆莱特岛，开始在棉兰老岛与吕宋岛之间的跃进。1944 年 12 月，麦克阿瑟晋升为陆军五星上将。1945 年 1 月，盟军在 10 日开始于马尼拉以北的仁牙因湾登陆，29 日于巴丹半岛登陆，夹击日军山下奉文部。到 3 月，盟军攻克马尼拉，占领巴丹半岛，收回科雷吉多尔。3 月 2 日，麦克阿瑟回到科雷吉多尔。山下奉文顽抗到 9 月才率部投降。

1945 年 8 月 15 日，日本宣布投降，麦克阿瑟就被杜鲁门总统任命为驻日盟军最高司令，负责对日军事占领与日本的重建工作。9 月 2 日，盟国于"密苏里号"军舰举行受降仪式，日本代表签署投降书。麦克阿瑟出场代表盟国签字受降。

1950 年 6 月，朝鲜战争爆发之后，美国操纵联合国进行干涉。麦克阿瑟担任远东美军总司令与"联合国军"总司令，指挥侵朝战争。1951 年 4 月，麦克阿瑟由于战争失利和所谓"未能全力支持美国和联合国的政策"而被解除一切职务。

人们都说，道格拉斯·麦克阿瑟是一个具有狼一般性格的人，主要指在军事战争中的两个特点：一是指他在战争中打的胜仗就像

狼的捕获量一样多；二是他也打过败仗，但他却将失败看成磨练自己技能、增添对成功渴望的手段。因此他被誉为是一名笑对失败、超然前进的将军。

布莱德雷

奥马尔·纳尔逊·布莱德雷（1893—1981），于1893年2月12日出生在美国密苏里州克拉克的教师家庭。1910年中学毕业后，因家境清贫而成了铁路机修工。

1911年布莱德雷考入西点军校，接受了严格的军事训练以及系统的文化学习，毕业后即赴美国西北部服役。1920年9月，布莱德雷被调任西点军校数学教官，开始浏览并研究军事历史与军事人物传记。

1924年9月，布莱德雷获准进入本宁堡步兵学校深造一年，着重学习"运动战"战术与陆军武器的使用。1928年9月，布莱德雷奉命进入陆军指挥与参谋学校深造，通过学习与训练，掌握了良好的思想方法，谋划战争以及驾驭战争的能力也得到提高。而后的几年，他都在本宁堡步兵学校担任教官。

1943年2月，布莱德雷在接到晋升为美国第10军军长的任职命令的同时，被马歇尔派到北非，充任艾森豪威尔的"耳目"。3月6日，巴顿出任美国第二军军长，布莱德雷就被任命为第二军副军长。后突尼斯战役开始，第二军担负助攻任务，布莱德雷升为军长，全面指挥第二军的作战行动。7月10日凌晨，布莱德雷率第二军在巴顿指挥的美国第7集团军编成内参加西西里战役。

1944年1月，布莱德雷担任第一集团军群司令。6月6日凌晨，

"霸王"作战开始。在空降部队降落与海空军火力突击之后，布莱德雷在英国第二十一集团军群编成内指挥美国第1集团军在奥马哈与犹他海滩登陆成功。7月25日，布莱德雷在巩固并扩大登陆场之后开始进行"眼镜蛇"战役。7月30日，美军突破阿弗朗什的德军防线，共俘虏德军2万，胜利结束该役。

解放巴黎之后，布莱德雷指挥美军快速向前推进，攻占兰斯、夏隆、凡尔登、那慕尔以及列日等地，到达齐格菲防线。10月2日，美军向亚琛进行两翼包围，21日占领亚琛。

1944年12月16日，布莱德雷和艾森豪威尔等人在分析德军的攻势之后，明确了盟军的主要任务。12月8日，布莱德雷坚决命令霍奇斯部掉头南下，巴顿部就转而北上，迎击德军。22日，巴顿开始发起进攻，从南向北打击德军突出部。23日，盟军开始向德军进行猛烈的空中突击。但是，蒙哥马利直至1945年1月才发动进攻。

1945年1月31日，盟军在乌法利兹会师，将德军赶到初始防线。盟国打败纳粹德国的计划主要是艾森豪威尔与布莱德雷共同提出的计划，被人称做"布莱德雷计划"。

3月28日，布莱德雷指挥实施计划。4月18日，被围德军约32万投降。4月13日，易北河德军防线被全线突破。布莱德雷马上进行第二阶段的作战计划，阻止德军向阿尔卑斯山与挪威逃窜。4月15日，盟军发起攻打德国的最后总攻。4月26日，美军和苏军在易北河畔的托尔高正式会师。5月7日，纳粹德国投降。

1945年8月，布莱德雷担任美国退伍军人管理局局长。1947年11月，担任美国陆军参谋长。1949年8月，布莱德雷升任美国参谋长联席会议主席，不久还兼任北约组织军事委员会主席及其常务委

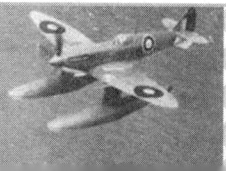

员会主席。1950 年 9 月，布莱德雷晋升成美国五星上将。1981 年 4 月 8 日，布莱德雷于华盛顿逝世。

巴顿

小乔治·史密斯·巴顿（1885—1945），是美国陆军四星上将。他出生于加利福尼亚州南部雷克维尼亚德一军人世家。1903 年巴顿考上弗吉尼亚军校，1904 年又考上了西点军校。1909 年他于美国陆军军官学校毕业后在骑兵部队服役，1916 年成为 J．J．潘兴的副官参加了墨西哥的武装干涉。

巴顿于 1917 年开始跟美国远征军赴法参战，并在当年 11 月负责建立美军第一个装甲旅，1918 年 9 月指挥该旅进入圣米耶勒战役。1919 年回国以后在坦克训练中心工作。1932 年他毕业于陆军参谋学院，1935 年担任夏威夷军区情报处长，1940 年 7 月担任装甲旅旅长，12 月晋升少将，担任第 2 装甲师师长。巴顿于 1942 年担任第一装甲军军长，同年 11 月成了北非远征军西部特遣部队司令，率部参加北非登陆战役，攻占法属摩洛哥，后负责建立美国第 7 集团军。1943 年 3—4 月他担任美第二军军长，4 月晋升中将，7—8 月指挥美第七集团军投入西西里岛登陆战役。1944 年 1 月他在英国当任美国第三集团军司令，7 月赴法国诺曼底，8 月 1 日率部投入战斗，突入布列塔尼半岛与法国中部，然后协同盟军其他部队在法莱斯战役中重创德军，还向洛林方向追击逃敌。1945 年 3—5 月他率军进入德国腹地，占领捷克斯洛伐克西部，到达捷奥边境。他在德国投降后担任巴伐利亚军事长官，同年 10 月担任第十五集团军司令，12 月由于车祸丧生。

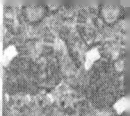

在军事上，巴顿曾被部下誉为"血胆老将"，他作战勇猛顽强，指挥果断，富于进攻精神，善于发挥装甲兵优势进行快速机动与远距离奔袭。而且他作战时看着大胆实质很小心。此外，巴顿所做的一项改革至今还影响美军，即随军牧师主日讲道时间不能超过15分钟。

蒙哥马利

伯纳德·劳·蒙哥马利（1887—1976），英国的陆军元帅，是著名的战略家和军事家以及第二次世界大战时期盟军杰出的指挥官之一。著名的阿拉曼战役、诺曼底登陆是他军事生涯的两大杰作。蒙哥马利于1887年11月17日出生在伦敦肯宁敦区圣马克教区的一牧师家庭。1907年考进了英国桑德赫斯特皇家军官学校，1908年12月担任英国驻印度的皇家沃里克郡团少尉排长。

第一次世界大战结束后，蒙哥马利开始任师司令部中校参谋，1930年陆军部选派他负责步兵教令的重编工作。1938年12月他任驻巴勒斯坦第八师师长，参加镇压巴勒斯坦人的武装暴动，被晋升成少将。1939年8月，他回国当任以"钢铁师"著称的英国远征军第三师师长。

第二次世界大战爆发时蒙哥马利率远征军第三师渡过英吉利海峡，参与了在法国以及比利时的战斗。1940年5月德军闪击西欧时，他被迫随英远征军由敦刻尔克撤到英国。由于在敦刻尔克大撤退中表现优异，蒙哥马利得到丘吉尔的高度重视，1941年先后担任第五军、第十二军军长，12月再奉命调任英格兰东南地区担任司令官，负责选拔，调整并培养各级指挥官，严格训练部队，提高英军军事

素质。

1942 年 10 月到 11 月间蒙哥马利组织对德军发起了阿拉曼战役，一举击溃德国非洲军团，改变了北非战局，随后又挥师乘胜追击，率领第八集团军和盟军配合，于 1943 年 5 月在突尼斯消灭北非残敌。蒙哥马利因此声誉大振，被人们称之为捕捉"沙漠之狐"的猎手，誉名"沙漠之鼠"。

第二次世界大战后，他任驻德英国占领军司令与盟国对德管制委员会英方代表。1946 年到 1948 年他任大英帝国总参谋长，受封阿拉曼子爵。1948 年 10 月他担任西欧联盟各国陆海空军总司令委员会常任主席。1949 年 4 月，美国和西欧 11 国签订了北大西洋公约，12 国共同结成防务联盟，即著名的"北约"。1951 年 4 月 2 日，北大西洋公约组织最高司令部成立，美国的艾森豪威尔将军是最高司令部司令，蒙哥马利是最高副司令。

1958 年，蒙哥马利结束了 50 年的军旅生涯而退休。他是英国历史上服役时间最长的将领。

蒙哥马利在军事上被称为最谨慎、最彻底的战略家，力求在战争中做到稳妥，做到十分的把握。他坚持在每次出击以前，在人力、物力上做好充分准备，虽然对于战争来讲，一定程度上延缓了进程，但却稳妥可靠；同时，蒙哥马利治军严格，注重从实战来训练部队，善于鼓舞部队士气，他认为发挥人的积极性才能取得胜利；此外，他还主张做好战前准备，制订周密的作战计划，尽量减少人员伤亡。

蒙哥马利的著作有《蒙哥马利元帅回忆录》、《通向领导的道路》、《战争史》、《从阿拉曼到桑格罗河》、《从诺曼底到波罗的海》等书。

戴高乐

戴高乐（1890—1970），1890年11月22日出生在里尔，1912年在圣西尔军校毕业，被授予少尉军衔，派任到贝当担任团长的驻阿拉斯步兵第三十三团供职。1914年参加一战，因作战英勇而得到表彰。1940年，他晋升成准将，并被保罗·雷诺总理任命为国防次长兼陆军次长，两次赴伦敦执行使命。在雷诺内阁辞去总理职务后，他拒绝签署停战要求，赴英国组织自由运动，8月，和丘吉尔首相签定关于自由法国章程的议定书。在戴高乐的号召下，整个法属赤道非洲支持自由法国。10月，戴高乐于伦敦成立帝国防务委员会，担任主席。1941年，法兰西民族委员会成立，由戴高乐担任主席。1943年6月，戴高乐又来到法属北非首府阿尔及尔，和美国支持的吉罗将军共同担任新成立的法兰西民族解放委员会主席。

1944年6月3日，戴高乐在阿尔及尔成立法国临时政府，6日，盟军登陆诺曼底，开辟欧洲第二战场。8月19日，戴高乐领导的勒克莱尔师首批到达巴黎市政府大厦，解放了巴黎。25日，戴高乐将军到巴黎，接受德国军队投降书，1945年9月，法国全民公决，摒弃第三共和国，第四共和国成立，戴高乐被议会选举为临时政府总理，建立新的临时政府，随即在1946年1月又辞掉了临时政府总理职务，退出政坛隐居。1958年，阿尔及尔暴动，受国民议会委托，戴高乐将军制定新宪法并开始接管议会、总统与政府的全部权力。9月，全民公决通过新宪法，第五共和国成立，12月戴高乐当选共和国总统。他在1959年9月，宣布阿尔及利亚人拥有自决权，12月，宣布解散法兰西共同体。

1966 年，戴高乐宣布法国退出北约军事组织，只保留政治组织资格。1969 年 4 月，他宣布停止执行共和国总统职权，隐居于科龙贝，1970 年 11 月 9 日，于科龙贝病逝。

艾森豪威尔

德怀特·戴维·艾森豪威尔（1890—1969），是美国第 34 任总统，也是陆军五星上将。

艾森豪威尔是一个充满戏剧性的传奇人物，曾获得过很多个第一。在美军历史上，授予五星上将的有十名，而艾森豪威尔是晋升"第一快"的，除此之外他还是出身"第一穷"、美军统率最大战役行动的第一人、第一个担任北大西洋公约组织盟军最高统帅、美军退役高级将领担任哥伦比亚大学校长的第一人。更重要的是他的前途"第一大"，他是唯一当上总统的五星上将。

艾森豪威尔于 1890 年 10 月 14 日出生在美国德克萨斯州的丹尼森。他选择军人职业，除了个人爱好外，还与自己的家境有关。他家境贫寒，其他的 6 个兄弟都没有受高等教育，艾森豪威尔也只能免费进入西点军校。艾森豪威尔 1915 年在西点军校毕业还获得少尉军衔。

毕业后，因为战争，许多同学都到法国参战，他却被留在国内从事训练工作，到得克萨斯州圣安东尼奥任职，于此，他创立了美国陆军的第一所战车训练营，后被巴拿马地区司令康纳少将看中而来到巴拿马服役，其间他的军事知识与技能大为长进。因为康纳的有意栽培，1927—1928 年，艾森豪威尔在陆军军事学院深造。

1939 年 9 月，德军入侵波兰，他不顾麦克阿瑟等人的劝阻与挽留，坚决要求回国，年底回国后，担任美国西部军区司令部的后勤计划官。1941 年 6 月他担任第三集团军参谋长，晋升成为准将。在集团军参谋长任内，艾森豪威尔成功地组织实施大规模军事演习，得到陆军参谋长马歇尔的重视。

1941 年 12 月 7 日，日本偷袭珍珠港美军基地，5 天后，马歇尔电召艾森豪威尔速回华盛顿，将他升为少将，这是他步入统帅部和马歇尔长期合作的开始。

艾森豪威尔在指挥盟军进行北非、西西里岛与意大利作战中，在实现和盟国的合作中，展现了卓越的军事、政治、外交才能，被称为"军人政治家外交家"。

1942 年 8 月，艾森豪威尔被任命为进行北非登陆的盟军最高司令，于 1942 年 11 月 8 日率领美英联军 10 万人分成三路在法属北非殖民地登陆，分别占领了阿尔及尔、奥兰与摩洛哥的卡萨布兰卡。2 月，艾森豪威尔获得了最高军衔——上将军衔，担任北非与地中海盟军总司令。

1943 年 3 月下旬，美英联军在艾森豪威尔的指挥下，对突尼斯南部发动总攻。经过 20 多天的激战，把德意军队驱赶到突尼斯北部。4 月 20 日决战开始，美英联军便占领了突尼斯市。德意军队处在进退维谷的境地，他们无法撤退，在 5 月 13 日，25 万人全部投降。1944 年 1 月中旬，艾森豪威尔到达伦敦，建立盟国远征军最高司令部。艾森豪威尔主持制订了"霸王"作战纲要。1944 年 6 月 6 日凌晨，"霸王"作战开始实施。联军的伞兵与空运部队首先开始在诺曼底着陆，接着是海空军进行炮击轰炸，6 时 30 分，4000 多艘战

舰载运的 5 个师 12 万人在海空军的火力掩护与特种坦克的引导下向诺曼底海滩发起冲击，登陆成功。

12 日，艾森豪威尔晋升成五星上将。第二次世界大战后，艾森豪威尔曾任美国驻德占领军司令。他于 1945 年回国，担任美国陆军参谋长，1948 年退役，任哥伦比亚大学校长。1950 年，他去法国任北约武装部队最高司令。

1952 年艾森豪威尔退出军界，参加总统竞选，当选。1953—1960 年任美国总统。

1969 年 3 月 28 日，艾森豪威尔于华盛顿病逝，终年 79 岁。他的主要著作有《远征欧陆》、《白宫岁月》和《艾森豪威尔的战争经历》。

军事战役篇

涿鹿之战

涿鹿之战，传说大约发生在约 4600 余年前，它是指黄帝联合炎帝部族与东夷集团九黎族首领蚩尤在涿鹿（今河北省涿鹿县）进行的一次艰苦激烈的大战，这是远古时期一次很大规模的战争。

相传神农氏为帝王时，各氏族、部落互相掠夺，为害百姓，其中以蚩尤最为暴虐，神农氏和黄帝没有办法征讨。阪泉之战后，黄帝势力大增，蚩尤仍然继续作乱，不肯听命。

据说蚩尤族善于制作兵器，他们打制的铜制兵器精良坚利，且部众勇猛剽悍，生性善战，擅长角牴，进入华北地区后，首先和炎帝部族发生了正面冲突。蚩尤族联合巨人夸父部族与三苗一部，用武力击败了炎帝族，并占据了炎帝族居住的"九隅"，也就是"九州"。

炎帝族为了维持生存，遂向同集团的黄帝族求援。黄帝族为了维护华夏集团的整体利益，就答应炎帝族的请求，将势力推向东方。如此，便同正乘势向西北推进的蚩尤族在涿鹿地区相遇。当时蚩尤族集结了所属的八十一个支族，在力量上占据绝对优势。因此，双方接触后，蚩尤族便倚仗人多势众、武器优良等有利条件，主动向黄帝族发起攻击。黄帝族则率领以熊、罴、狼、豹、雕、龙、鸮等为图腾的氏族，迎战蚩尤族，并让"应龙高水"，也就是利用位处上流的条件，在河流上筑土坝蓄水，以阻挡蚩尤族的进攻。

战争爆发后，正好赶上浓雾和大风暴雨天气，这很适合来自东方多雨环境的蚩尤族展开军事行动。所以在战争初期，适合在晴天环境作战的黄帝族处境并无优势，曾经九战而九败。然而，不多久雨季过去，天气放晴，这就给黄帝族转败为胜提供了重要契机。黄

帝族把握战机，在玄女族的支援下，乘势向蚩尤族发动反击。黄帝利用特殊有利的天候——狂风大作、尘沙漫天，吹号角、击鼙鼓，乘蚩尤族部众迷乱、震慑之际，以指南针指示方向，驱众向蚩尤族进攻，终于一举击败蚩尤，并在冀州之野擒杀其首领蚩尤。

涿鹿之战最终以黄帝族的胜利而宣告结束。

鸣条之战

鸣条之战是发生在夏朝末期（约公元前1600年）商灭夏的战争中的一次战役，指的是商汤率领商部落士兵和夏军在鸣条（今河南封丘东，一说在山西运城）进行的一场决战。这场战争是夏王朝灭亡的转折点，这次战争直接导致着夏王朝灭亡以及商汤建立中国的第二个王朝——商朝。

当时，由于夏桀姒履癸无道，导致社会矛盾重重，民众愤慨地诅咒他，四方的诸侯也纷纷背叛而去，他的属国商渐渐演变为和他抗衡的对手。直到大约公元前1600年，汤兴兵伐夏，战前他隆重举行誓师大会，誓师后汤精选良车70乘，"必死" 6000人，联合各"方国"军队，采取战略大迂回，绕道到夏都以西突袭夏都。桀仓促应战，西出拒汤，同汤军队在鸣条展开战略决战。决战中汤军奋勇作战，一举打败了夏桀的主力部队，桀败退归依于属国三朡；随之汤乘胜攻灭了三朡，桀率少数残部逃往南巢（今安徽巢湖市），不久病死。

这次战争以汤的一举获胜为结局，它宣告了夏朝从此灭亡，汤回师西亳召开了众多诸侯参加的 "景亳之命" 大会，得到3000诸侯的拥护，得到了天下之主地位，建立了商朝。

牧野之战

牧野之战，发生在商周之际，是指周武王在吕尚等人的辅佐下，率军直捣商都朝歌（今河南淇县），在牧野（今淇县以南卫河以北地区）大破商军和灭亡商朝的一次决战。

商汤建立的商王朝，历经初兴、中衰、复振、全盛和寝弱诸阶段后，到了商纣王（帝辛）即位时期，已步入了全面危机的困境。而纣王的昏庸残暴、荒淫无道更加促进了商朝走向末路，此时的殷商王朝政治腐败、刑罚酷虐，民众负担沉重，整个社会出现动荡不安，已经达到难以收拾的混乱局面。

而此时商的西方属国——周的国势正如日中天、蒸蒸日上。在公刘、古公亶父和王季等人的积极经营下，周迅速强盛起来，其势力已经伸入到江汉流域。文王姬昌即位后，任用熟悉商朝内部情况的贤士吕尚，"阴谋修德以倾商"，积极从事伐纣灭商的宏伟大业。

在各方面准备工作基本就绪之后，文王在吕尚的帮助下，制定了正确的伐纣军事战略方针。此后不久，商纣王已感觉到周人对自己构成的严重威胁，决定对周用兵。然而在平息东夷的反叛时，纣王已调动部队倾全力进攻东夷，结果造成西线兵力的极大空虚。就在这时，商朝统治集团内部的矛盾呈现白炽化，商纣饰过拒谏，肆意胡为，残杀王族重臣比干，囚禁箕子，逼走微子。武王和吕尚等人遂把握这一有利战机，决定乘虚而入，大举伐纣，一战而胜。

公元前1346年正月，周武王统率兵车300乘，虎贲3000人，甲士45000人，浩浩荡荡东进伐商。从汜地（今河南荥阳汜水镇）渡过黄河后，兼程北上，至百泉（今河南辉县西北）折而东行，直指朝歌，由于

路途顺畅,周军于二月初四拂晓抵达牧野。而此时的商军主力仍远在东南地区,纣王只能武装大批奴隶,由自己率领,开赴牧野迎战周师。

二月初五凌晨,周军布阵完毕,庄严誓师,史称"牧誓"。武王在阵前声讨纣王听信宠姬谗言,不祭祀祖宗,招诱四方的罪人与逃亡的奴隶,暴虐地残害百姓等诸多罪行,从而激发起从征将士的敌忾心和斗志。誓师后,武王下令向商军发起总攻击。他先使"师尚父和百夫致师",即让吕尚率领一部分精锐突击部队向商军挑战,以牵制迷惑敌人,并打乱其阵脚。商军中的奴隶与战俘心向武王,这时便纷纷起义,掉转戈矛,帮助周帅作战。武王乘势以"大卒(主力)冲驰帝纣师",猛烈冲杀敌军。于是商军十几万之众顷刻土崩瓦解。纣王见大势已去,于当天晚上仓皇逃回朝歌,登上鹿台自焚而死。周军乘胜进击,攻占朝歌,灭亡商朝。然后,武王分兵四出,征伐商朝各地诸侯,肃清殷商残余势力,商朝灭亡。

这就是历史上著名的牧野之战,它是商朝灭亡、周朝建立的一次决定性战役。

长勺之战

长勺之战是中国春秋初期,即位不久的齐桓公,不听主政大夫管仲内修政治、外结与国、待机而动的政令,于周庄王十三年(前684年)春发兵攻打鲁国的一次战役,企图一举征服鲁国。

自公元前770年周平王东迁洛邑起,我国历史进入了诸侯兼并、大国争霸的春秋时代。齐襄公因不满其父齐厘王对公孙无知的特别对待,以公孙无知待遇过高作为理由,予以降低,引起公孙无知的不满,阴谋乘机生事。公孙无知在大夫连称和管至父的帮助下,密谋欲杀害

襄公，终于在齐襄公在外地狩猎时将其暗杀，于是齐厘王立无知为国君，但这引起全国的反对。接着几位大夫杀死公孙无知，宣布迎接在鲁国避难的公子纠为国君，而奔往莒国的公子小白闻悉国内变乱，也在鲍叔牙与莒兵护送下急忙返国，争夺政权，终于抢先赶回国都临淄，就了侯位，即为齐桓公。公子纠与管仲见国君位置被小白抢先夺去，只好仍回鲁国栖身，这使齐和鲁两国关系又趋紧张。

公元前684年春，齐桓公在巩固了君位之后，自以为实力强大，不顾管仲的谏阻，决定兴师伐鲁，以报复鲁国一年以前支持公子纠复国的宿怨，并企图向外扩张齐国的势力。当时鲁国执政的是鲁庄公，他听说齐军大举来攻，决定动员全国的力量，同齐军一决胜负。就在这时，鲁国有一位名叫曹刿的人主动请缨，要求参与战事。鲁庄公允诺了他的这一请求，让他与自己同乘一车前往长勺。

齐国由于乾时（时水支流，经山东桓台西北注入古济水，旱则干涸）战争的胜利，鲍叔牙以下将士都轻视鲁军，以为不堪一击，于是发起声势汹涌的攻击。鲁庄公见到齐军攻击鲁军阵地，就要擂鼓下达应战的命令。曹刿劝阻道：齐兵势锐，我军出击正合敌人心愿，胜利没有把握，"宜静以待"，不能出击。庄公于是令鲁军固守阵地，只令弓弩手射击，以稳住阵势。齐军没有厮杀的对手，又冲不进鲁军阵地，反而受到鲁军弓弩猛射而无法前进，只得向后撤退。经过稍事休整，鲍叔牙又下令展开第二次攻击，曹刿劝庄公还是不要出击，继续固守阵地。齐军攻势虽猛，但仍攻不进阵内，士气不免疲惫，再退回到原阵地。齐军两次进攻，鲁军都没有应战，鲍叔牙和齐军将领都认为鲁军怯于应战，决定再次发动进攻。于是齐军声势浩大的第三次进攻，迅即出现于鲁军面前。曹刿看到这回齐军

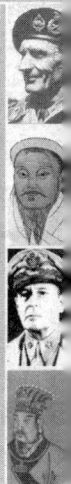

来势虽猛，但势头没有上两次大，认为出击时机已到，立即向庄公提出反击齐军的建议。于是庄公亲自擂起战鼓，发出攻击命令。鲁军队闻令，士气高昂，奋勇出击，争先恐后，锐不可当，把齐军打得七零八落，溃不成军，节节败退，鲁军获得了最后的胜利。

在这次战役中，曹刿充分发挥了他的军事才能，运用"一鼓作气"的作战战略，大败齐国，丰富了军事战略史，而曹刿也因此而得到了鲁庄王的重用。

假途灭虢之战

假途灭虢之战也是发生在春秋战国时期。春秋初期，诸侯并立，兼并无已。位处中原地带的晋国，在这次弱肉强食的大混战中不断兼并征服小国，势力迅速崛起。晋献公在位时期，又把其南面的两个小国——虢国与虞国预定为吞并的目标。

但是，晋国要顺利地吞并这两国也并不那么容易。虢、虞两国虽然地狭人稀，国力弱小，但却是同姓毗邻，结有同盟。晋国同其中任何一国发生战端，都意味着要同时与两国之师相抗衡。如何拆散虢和虞两国的同盟关系，使自己避免陷于两线作战，这才是晋国在吞并两国军事行动中首先必须解决的事情。

于是，晋国大夫荀息想出了一条一箭双雕的妙计，那就是用厚礼重宝贿赂收买虞公，拆散虢和虞之间的同盟，向虞国假道攻打虢国，待虞国中计、虢国败亡后再图后举。晋献公听了荀息这一献计后，拍案叫绝，但是还存在一定的顾虑，针对晋献公的犹豫，荀息——予以妥善的解释，打消了献公的最后顾虑，他决定按照荀息的计谋展开行动。

不久，荀息带着良马、美玉等奇珍异宝出使虞国。马上晋见虞公，献上珍宝，并向虞公正式提出借道攻虢的要求。虞公既贪图利益收下了良马和美玉，又不敢轻易开罪于晋国，于是便应允晋国军队通过虞国土地去征伐虢国，并表示愿意出兵协助晋国作战。虞国大夫宫之奇认为此事不妙，在一旁加以谏阻，但虞公根本听不进去，只是一意孤行，硬朝着晋人的圈套里钻去。公元前 658 年夏，晋大夫里克和荀息统率晋国军队通过虞国的土地去攻打虢国，虞公事先约定派出军队同晋军会师，然后协同晋军展开军事行动。晋军在虞军的积极配合下，进展顺利，很快占领了虢国的下阳（今山西平陆境），一举控制了虢和虞之间的战略要地，并通过此事进一步摸清了虢和虞两国的虚实，为下一步行动创造了条件。

时隔 3 年，晋献公再一次向虞国提出了借道伐虢的要求，这时宫之奇更透彻地看清了"假道"背后所包藏的险恶用心，指出"虢国如果灭亡，虞国必然跟着完蛋"，警告虞公"晋不可启，寇不可玩"，力图以虢和虞两国"辅车相依，唇亡齿寒"的道理劝阻虞公假道于晋。可是虞公利欲熏心，根本不采纳宫之奇的建议，反而以晋为自己的同姓国，必不会害己作理由，又答应了晋国借道的要求。宫之奇见虞国灭亡近在旦夕，为了避开祸患，便率领族人逃离了虞国。

这次晋献公亲自统军借道虞国攻打虢国，声势比前一次还大，可见其志在必得。晋军进展迅速，很快兵临虢都上阳（今河南陕县境）城下，加以团团围困。虢国弱小无援，几个月后就为晋军所灭，虢公丑仓皇逃奔京师（今洛阳）。晋军马上战胜回师，行经虞地驻扎时，晋军乘虞不备发动突然袭击，生俘虞公，进而灭了虞国，最终达到了吞并两国的目的。

泓水之战

泓水之战是春秋时期宋国与楚国之间的一场战争。

春秋战国时期，当中原地区的第一个霸主齐桓公去世后，各国诸侯顿时因失去了一匡天下的领导人而成为一盘散沙。齐国因内乱而中衰，其他相对强大的国家也都有各自的苦衷，因而一时之间，中原都无人过问。

而这时宋国的宋襄公则瞅准机会意图争当盟主，虽然雄心勃勃，但毕竟国力不济，因此只能单纯模仿齐桓公的做法。他以"仁义"为政治号召，召集诸侯举行盟会，期望以此来抬高自己的声望，但是结果却不幸被楚国军队所擒，后来，在鲁僖公的调停之下，楚成王才将宋襄公释放回国。

宋襄公遭此奇耻大辱，他既痛恨楚成王的不守信义，更愤慨其他诸侯国见风使舵，背宋亲楚。他自知军力非楚国之匹，因此不敢主动去惹犯它，于是决定把矛头指向臣服于楚的郑国，对其兴师讨伐，想借此来挽回自己曾为楚囚俘的面子。这时，大司马公孙固与公子目夷都认为攻打郑国会引起楚国出兵干涉，劝阻宋襄公不要攻打郑国。可是宋襄公却振振有词："如果上天不嫌弃我，殷商故业是可以得到复兴的"，执意攻打郑国。郑文公闻讯宋师大举来攻，立即求救于楚。楚成王果然迅速起兵伐宋救郑，宋襄公得到这个消息，才知道事态十分严重，不得已被迫急忙从郑国撤军。

周襄王十四年（前638年）十月底，宋军返抵宋境，而这时的楚军还在陈国境内向宋国挺进途中。宋襄公为了阻击楚军于边境地区，屯军泓水（涡河的支流，经今河南商丘、柘城间东南流）

以北，等待楚军的到来。十一月初一，楚军到泓水南岸，并开始渡河，这时宋军已布列好阵势。宋国大司马公孙固鉴于楚宋两军众寡悬殊，但宋军已占有先机之利的情况，建议宋襄公把握战机，乘楚军渡到河中间时就予以打击。但是这却为宋襄公所断然拒绝，从而使楚军得以全部顺利渡过泓水。楚军渡河后开始布列阵势，此时公孙固又奉劝宋襄公乘楚军列阵未毕、行列未定之际发动攻击，但宋襄公仍然拒绝。一直等到楚军布阵完毕，一切准备就绪之后，宋襄公这才击鼓向楚军进攻。可是，这时一切都已经晚了，弱小的宋军怎么会是强大楚军的对手，一阵厮杀后，宋军受到重创，宋襄公本人的大腿也受了重伤，他精锐的禁卫军（门官）全为楚军所歼灭。

后来在公孙固等人的拼死掩护下，宋襄公才得以突出重围，狼狈逃到宋国。泓水之战就这样以楚胜宋败降下帷幕。

城濮之战

城濮之战是指春秋战国时期，楚国和晋国在城濮地区所展开的一场战役。

公元前 633 年冬，楚成王率领楚、郑、陈、蔡多国联军进攻宋国，围困宋都商丘，宋国情势危急，宋成公派大司马公孙固到晋国求救。晋国大夫先轸认为这正是"报施救患，取威定霸"的良机，主张晋文公出兵，而这时的狐偃也向晋王提出了对楚的作战方针，晋文公终于下决心出兵，解救宋国。战略方针确定后，晋国君臣随即进行了战前准备，将原来的两个军扩编为上中下三个军，并任命了一批比较优秀的贵族官吏出任军队的将领。准备就绪后，晋文公

于是率大军渡过黄河,很快的就攻克了卫、曹两国。

晋军攻打曹国和卫国,原来的意图是想引诱楚军北上,然而楚军却不为所动,依然全力围攻宋都商丘,宋国又派人向晋告急求援。为此,先轸仔细分析了形势,建议让宋国表面上同晋国疏远,然后由宋国出面,送一份厚礼给齐国和秦国,由他们去请求楚军撤兵。同时晋国把曹、卫的一部分土地赠送给宋国,以坚定宋国抗楚的决心。楚国同曹、卫本来是结盟的,现在看到曹、卫的土地为宋所占,必定会拒绝齐、秦的劝解。齐、秦接受了宋国的厚礼,这时便会抱怨楚国不听劝解,从而同晋国站在一起,出兵和楚国作战。晋文公对此计颇为赞赏,决定马上施行。楚成王果然拒绝了齐、秦的调停,而齐、秦见楚国不给自己面子,也大为恼怒,便出兵助晋。齐国和秦国都是当时的大国,他们放弃中立立场,使得晋、楚双方的力量对比发生了重大的变化。

楚成王看到晋、齐、秦三大国结成联盟,形势明显不利于己,就主动把楚军撤退至楚国的申地(今河南南阳),并命令成守谷邑的大夫申叔迅速撤离齐国,要求令尹子玉将楚军主力撤出宋国,避免和晋军冲突。

晋军在城濮驻扎下来,齐、秦、宋诸国的军队也陆续抵达与晋军会合,而楚军方面,决战的准备也在积极进行之中,子玉将楚军与陈、蔡两国军队分成中、左、右三军:中军为主力,由他本人直接指挥;右翼军由陈、蔡军队组成,战斗力薄弱,由楚将子上统率;左翼军也是楚军,由子西指挥。

公元前632年4月4日,在城濮地区,晋楚两军展开了一场战车大会战。在决战中,晋军针对楚中军较强、左右两翼薄弱的部署

态势，以及楚军统帅子玉骄傲轻敌、不谙虚实的弱点，采取了先击其翼侧，再攻其中军的作战方针，有的放矢发动进攻。晋下军佐将胥臣把驾车的马匹蒙上虎皮，出其不意地首先向楚军中战斗力最差的右军——陈、蔡军猛攻。陈、蔡军遭到这一突然的打击，顿时惊慌失措，一触即溃，楚右翼就这样迅速被歼了。

接着晋军又采用"示形动敌"，诱敌出击，然后分割聚歼的战法对付楚的左军。晋上军主将狐毛，故意在车上竖起两面大旗，引车后撤，装扮出退却的样子。同时，晋下军主将栾枝也在阵后用战车拖曳树枝，飞扬起地面的尘土，假装后面的晋军也在撤退，以引诱楚军出击。子玉不知是计，下令左翼军追击。晋中军主将先轸、佐将郤臻见楚军中了圈套，就立即指挥最精锐的中军横击楚左军。晋上军主将狐毛、佐将狐偃也乘机回军夹攻。楚左翼遭此打击，退路被切断，完全陷入了重围，很快也被消灭了。子玉此时看到其左、右两军均已失败，大势尽去，不得已下令中军迅速脱离战场，才得以保全中军。楚军战败后，向西南撤退到连谷，子玉旋即被迫自杀。

城濮之战就此以晋军获得最后胜利而宣告结束。在这场战役中，晋文公敢于贯彻后发制人的作战方针，主动"退避三舍"，避开楚军的锋芒，诱敌冒险深入，伺机决战；同时能针对敌人的作战部署，乘隙蹈虚，灵活地选择主攻方向，先攻打敌人的薄弱环节，各个击破，才能获得如此辉煌的胜利。而楚军方面的君臣不睦，将骄兵惰，君主昏庸无能，主帅狂妄轻敌，加上作战部署上的失策以及军情判断上的错误，终于导致了战争的失败，也给后人留下了极其深刻的教训。

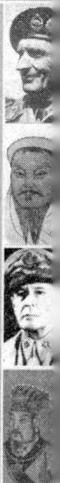

马陵之战

马陵之战既是齐国与魏国的一场重要战役，也是孙膑与庞涓的一次军事上的较量。

公元前341年，魏惠王派庞涓联合赵国引兵伐韩，包围韩国首都新郑（今属河南省）。韩昭侯在危急时刻向齐国求救。齐王接到求救即任用田忌、田婴、田盼为将军，孙膑作为军师，率军经曲阜、亢父（今山东济宁），由定陶进入魏国境内，矛头直指和大梁近在咫尺的外黄（今河南民权）。正在伐韩的庞涓闻讯，忙弃韩而回。而魏惠王也深恨齐国一再干预魏国的大事，于是起倾国之兵迎击齐军，仍以庞涓为将，太子申为上将军，随军参与指挥，誓与齐军决一死战。

作为齐军军师的孙膑见魏军来势凶猛，并且敌我力量众寡悬殊，思量只可智取而不可力敌，于是决定采用欲擒故纵之计，诱庞涓上钩。他命令军队由外黄向马陵方向撤退，马陵位于鄄邑北60华里（古代以300步为1里）处，沟深林密、道路曲折，适于设伏。孙膑命令兵士第一天挖10万个做饭的灶坑，第二天挖5万个，第三天挖3万个。庞涓一见大喜，认为齐军撤退了三天，兵士就已逃亡过半，就亲率精锐之师兼程追赶。魏军在天黑时赶到马陵，庞涓命兵士点火把照路，在火光的照耀下，只见一棵大树被剥去一块树皮，上书"庞涓死于此树之下"八个大字。

这时，庞涓才知道中计，刚要下令撤退，且为时已晚，齐军伏兵已是万箭齐发。魏军进退两难，阵容大乱，自相践踏，死伤无数。庞涓自知厄运难逃，大叫一声："一着不慎，遂使竖子成名！"遂拔

剑自刎。齐军乘胜追击，正遇太子申率后军赶到，经过一阵冲杀，魏军兵败如山倒。齐军生擒太子申，大获全胜。

这场战役在历史上被称为"马陵之战"，把孙膑的这种作战战略叫做"减灶之计"。此战后，魏国由盛转衰，而孙膑却因善于用兵而名扬天下。

长平之战

长平之战发生在秦国与赵国之间，这场战役意义重大，给赵国带来了深重的创伤，后来由于信陵君的帮助才避免其过早灭亡。

秦昭王四十七年（前260年），秦国派左庶长王龁攻打韩国，夺取上党。上党的百姓纷纷逃往赵国，赵驻兵于长平，以便镇抚上党之民。四月，秦国派出王龁开始伐赵，赵国派廉颇作为将领抵抗。

双方僵持多日，赵军损失巨大。廉颇根据敌强己弱、初战失利的情况，决定采取坚守营垒等待秦兵进攻的战略，不管秦军怎么挑战，赵国坚决不出兵。赵王因为这件事屡次责备廉颇，很快中了秦国的离间计，听信流言，就派赵括替代廉颇为将，命他率兵击秦。

赵括上任之后，一反廉颇的部署，不仅临战更改部队的制度，还大批撤换将领，使赵军战斗力大大下降。秦见赵国中了计，换了赵括为将，悄悄命白起作为将军，王龁作为副将。因为赵括虽然自大骄狂，但是他畏惧白起为将，所以秦王下令不准泄露白起为将的消息。

白起面对鲁莽轻敌、高傲自恃的对手，决定采用后退诱敌、分割围歼的战术。他命令前沿部队担任诱敌任务，到赵军进攻时，佯

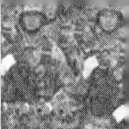

败后撤，将主力安置在纵深构筑袋形阵地，另以精兵 5000 人，插入敌先头部队与主力之间，伺机割裂赵军。8 月，赵括在不明虚实的情况下，贸然采取进攻行动。秦军假意败走，悄悄张开两翼设奇兵胁制赵军，赵军乘胜追到秦军壁垒，秦早有准备，壁垒坚固，久攻不入。白起命令两翼奇兵迅速出击，将赵军分为三段，这时的赵军首尾分离，粮道被断。秦军还派轻骑兵不断骚扰赵军，赵军的战势危急，只得筑垒壁坚守，来等待救兵。但是秦王并不懈怠，他亲临河内督战，征发十五岁以上男丁从军，赏赐民爵一级，以阻绝赵国的援军与粮草，倾全国之力和赵作战。

到了九月，赵兵仍然无法攻出去，这时赵军已经断粮四十六天，饥饿不堪，甚至自相杀食。赵括没有办法，亲自带领精兵出战，最终被秦军射杀。赵括军队大败，四十几万士兵投降白起。

赵国战败后，白起将赵国投降士卒全部坑杀，只留下 240 个小兵回赵国报信。赵国上下为之震惊。后来由于赵国的平原君写信给其妻子的弟弟魏国的信陵君，委托他向魏王发兵救赵，魏王接到求救立即派晋鄙率 10 万大军救赵，但是因为秦昭襄王的威胁，魏王只好让军队在邺城待命。信陵君为了救赵，偷得虎符，杀死晋鄙，率兵救赵，在邯郸打败秦军，才挽回了赵国，赵国在长平之战中差点灭亡。

巨鹿之战

巨鹿之战发生在秦末时期，秦王朝建立后，对人民实施残酷的剥削和压迫，赋役繁重，刑政暴虐，全国出现可怕的恐怖局面，这就导致了社会矛盾的全面激化。到了秦二世元年（前 209 年），这种

一口气读懂军事常识

矛盾已经面临一触即发，终于爆发了陈胜、吴广农民大起义。九月，项梁、项羽与刘邦相继在吴中（今江苏苏州）、沛县（今属江苏）聚众起义，而此时被秦所灭亡的六国旧贵族也乘机起兵，出现了天下反秦的态势。

秦王朝统治者也开始积极调动军队来镇压农民起义，其中最为得力的一支，就是少府章邯统率的部队。作为秦军的主力，它首先镇压了陈胜和吴广的起义军，马上击灭齐王田儋、魏王咎等武装势力，然后又调转兵锋，扑向项梁等人率领的楚地起义军主力。经过几次各有胜负的拉锯战后，章邯抓住项梁小胜后轻敌麻痹的弱点，发动突然袭击，大败楚军于定陶（今山东定陶西北），杀死项梁，使起义军遭受一次重大的打击。

章邯在取得定陶战役胜利后，也产生了骄傲轻敌情绪，认为"楚地兵少不足忧"。于是开始调兵北上，攻打赵国，赵军将寡兵微，非秦军的对手，数战不利，赵王节节退守直至巨鹿。章邯率军乘胜逼进，他命令王离率20万人将巨鹿围得水泄不通，自己亲自带领20万人驻扎在巨鹿南数里的棘原，还在那里构筑甬道，一直延伸到巨鹿城外，用来供应王离军的粮秣。他企图长期围困巨鹿，困死赵军，并伺机攻取城池，完全平定赵国土地。这时赵国将领陈馀虽从恒山郡（今河北石家庄一带）征得数万援兵，驻扎在巨鹿北边，但由于害怕秦军人多势众，不敢直接驰援巨鹿，对秦军实行避而不战的做法。赵国巨鹿守军兵少粮缺，形势十分危急，才只好遣使向各路反秦武装紧急求援。

楚怀王接到赵王歇、张耳等人的求援文书后，马上召集手下将领进行商议。大家认为，尽管楚军自定陶战败后元气大伤，如果不

及时救赵，章邯灭赵得手后就会移师南下攻楚，从而使得反秦武装有被各个击破的危险。与此同时，秦军主力胶着于河北地区，这造成了关中空虚，给反秦武装提供了乘隙进关灭秦的机遇。根据这种情况，楚军统帅部于是果断作出战略决策：任命宋义作为上将，项羽作为次将，范增作为末将，统率楚军主力 5 万人北上救赵，以伺机歼灭秦军主力。同时，派遣刘邦率军乘虚经函谷关进入关中，伺机攻打咸阳。

在战争中取得指挥权的项羽敢下决心挥师渡河和秦军决战。他率军于 12 月进抵漳水南岸后，马上委派英布、蒲将军率 2 万人为前锋，渡过漳水（一说黄河），切断秦军运粮的甬道，分割王离和章邯军之间的联系，使王离军陷入缺粮的处境。接着，项羽本人亲自率领楚军主力渡河跟进，并下令全军破釜沉舟，命令每位将士只带 3 日干粮，以表示全军上下一往向前、义无反顾、和秦军决一死战的决心。

破釜沉舟完毕，项羽马上率领楚军进至巨鹿城下，将王离军团团包围，向敌人猛扑过去。楚军将士们奋勇杀敌，"无不以一当十"，"呼声动天"，将王离麾下的秦军杀得溃不成军。章邯率部援救，也被楚军英勇击退。项羽指挥楚军继续作战，不给秦军以任何喘息的机会，九战九捷，终于大败秦军。

彭城之战

彭城之战是指秦朝末年刘邦与项羽之间的首次真正意义上的战争，因发生在彭城，所以称为彭城战役。

秦朝末年，纲绝维弛，群雄并起，这期间，项羽凭借灭秦巨功

而分封天下，称霸诸侯。而灭秦的另一主角刘邦，却被封到偏远的汉中巴蜀之地。汉二年（前205年），刘邦因不满汉中之地毅然出兵定三秦，东向伐楚，而此时，项羽大军正在东边平定齐国之乱，后方空虚。刘邦抓住这个机会大举东进，一路上所向披靡，兵锋直捣项羽的都城彭城。

汉二年四月，北路军破龙且于定陶、南下砀与刘邦中路军会师，接着攻下项羽都城彭城，刘邦似乎已经取胜。对刘邦的攻势，项羽一面派郑昌为韩王，前往韩地抵抗刘邦东进，一面又派陈平平殷王在此布一道防御线。派龙且抵挡北路军，又派兵去阳夏阻拦南路军，而英布却趁此坐山观虎斗。刘邦军浩浩荡荡，56万大军数月就尽占楚地，项羽陷入前所未有的危机中。面对险恶的政治和军事环境，项羽提出了一个大胆的战略计划，让诸将率领大军继续平定齐国，作为迷惑刘邦的手段。而项羽自己则亲自带领3万精兵绕道彭城后方，以彭城为钓饵引刘邦上钩，然后偷袭刘邦后方，尽灭刘邦军。但这个计划一出，连项羽都觉得不可思议，他不但要以3万尽歼对方56万，还要长途奔波，设局偷袭，这可以说是前无古人，后无来者的一个疯狂计划。

项羽让大部队留在齐国迷惑刘邦，自己运用骑兵的机动性，绕道彭城西南的萧县。然后当刘邦诸军全部进入彭城的时候，大家都会忙于部署北边建立防御，这时无可避免产生的混乱不堪正是项羽所等最佳时机。他开始西出萧，向东进攻彭城，项军采取的是偷袭方针，因为早晨敌人尚在睡梦中，正处于最疲惫的时候，突然遭遇大规模偷袭，其慌乱可想而知。而自己可以利用早晨天亮明白敌方情况，选择合适有效的战术最大消灭敌人。项羽此次不光要造成敌

一口气读懂军事常识

方混乱，更要全歼敌军。

　　项羽在战术的选择上直接攻击刘邦指挥中枢，造成刘邦联军指挥系统全部瘫痪。这样联军就无法组织有效的反抗，然后项羽死死咬住刘邦的主力进行攻击，不给刘邦任何喘气的机会，同时利用驱赶的方法把他们逼到河流边上，使他们因为拥挤掉进河中淹死或自相残杀。而此时的刘邦联军犹如从云雾端落入无底的深渊，昨天还意兴盎然，大胜在握，现在就兵从天降，不知所以的联军因为没有得到有效的组织像无头苍蝇四处乱撞，正中项羽之计。由于兵力上的极大悬殊，如果硬拼无论如何都是要被消耗殆尽。这时项羽用骑兵驱赶引诱把联军引向南方的谷、泗水，在此项羽展开攻击，杀联军10余万人。联军为了活命拼命南逃，逃到更南的灵壁东睢水上，这样联军自相残杀，被挤落水10多万。

　　这次战役项羽获得胜利，他不但歼灭刘邦主力，使刘邦陷入一种危机局面里，更扭转了项羽四面楚歌、孤立无援的政治局面，使楚汉战争的局面发生了很大的变化。但是也是这场战役留下了遗憾，它并没有抓到主帅刘邦，使刘邦逃往西边，经过四年的楚汉之战，刘邦最终依靠着关中汉中的优越地理和物质资源以及项羽后方的游击战大师彭越，终于拖垮项羽，赢得天下。

井陉之战

　　井陉之战发生于公元前205年刘邦被项羽打败之后。项羽在彭城之战取得胜利后，使得许多诸侯纷纷背汉归楚，刘邦的处境十分艰难。为了摆脱这种不利局面，刘邦采用了张良等人的建议，制定了正面坚守、侧翼发展、敌后袭扰的战略方针。其中命令大将韩信

率军开辟北方战场，逐渐歼灭黄河以北的割据势力，向楚军侧背发展。

韩信针对割据势力的弱点，向刘邦提出进一步开辟北方战场，逐次消灭代、赵和燕，东面出击田齐，南断绝楚军粮道，对楚军实施翼侧迂回，最后和刘邦会师荥阳的作战计划。公元前205年闰九月，韩信率军平定代地，刘邦便把韩信的精兵调往荥阳去正面抗击项羽的大军。公元前204年10月，韩信统率3万名新近招募的军队，越过太行山，向东前进，对赵国发起攻击。赵王歇、赵军主帅陈余听到后，马上以号称20万的大军集结于井陉口防守。

陈余认为韩信兵少且疲，不该避而不击，韩信深知赵军主帅陈余有轻敌情绪并且希图速决的情况后，当即制定了出奇制胜、一举破赵的良策。他指挥部队行到距井陉口30里的地方扎下营寨。等到了半夜时分，韩信迅速实施作战部署：一边挑选2000名轻骑，命令他们每人手持一面汉军的红色战旗，从偏僻小路迂回到赵军大营侧翼的抱犊寨山（今河北井陉县北）潜伏下来，准备乘隙袭击赵军大营，断敌归路；一边又派出1万人作为前锋，乘着夜深人静、赵军未察之际，穿过井陉口，到达绵蔓水（今河北井陉县境内）东岸背靠河水布列阵势，来迷惑调动赵军，增长敌军轻敌情绪。

赵军对潜伏的汉军毫无觉察，看见汉军背水列阵，无路可以退兵，都禁不住窃窃哂笑，以为韩信置兵于"死地"，根本不懂用兵的常识，因而对汉军更加轻视。天亮之后，韩信亲自率领汉军，打着大将的旗帜，携带大将的仪仗鼓号，向井陉口东边的赵军进攻过去。赵军看见后，果然踌躇满志，离营迎战。两军戈矛相交，厮杀了一

阵子后，韩信便佯装战败，让部下胡乱扔掉旗鼓仪仗，向绵蔓水方向后撤退，和事先在那里背水列阵的部队迅速会合，赵王歇与陈余误以为汉军真的打了败仗，哪肯轻易放过机会，于是便挥军追击，倾全力猛攻背水阵，企图一举全歼汉军。

汉军士兵看到前有强敌，后有水阻，无路可退，所以个个死战，人人拚命，赵军的凶猛攻势就这样被控制住了。这时，埋伏在赵军营垒翼侧的汉军二千轻骑就乘着赵军大营空虚无备，突然出击，袭占赵营。他们立即拔下赵军旗帜，插上汉军战旗，顿时红旗林立，迎风招展，好不威风壮观。

赵军久攻背水阵不下，陈余就只好下令收兵。这时赵军才猛然发现自己大营上插满了汉军红色战旗，老巢已经被人占领。这样一来，赵军上下顿时惊恐大乱，纷纷逃散。占据赵军大营的汉军轻骑看见赵军溃乱，马上乘机出击，从侧后切断了赵军的退路，韩信便指挥汉军主力全线发起反击。赵军仓皇向泜水（今河北获鹿南2.5公里，现在已被湮塞）方向败退，被汉军追上，结果全部歼灭，陈余被杀，赵王歇与李左车束手就擒。井陉之战以韩信大获全胜，一举灭赵而结束。

在井陉之战中，韩信利用陈余的轻信以及轻敌的特点，根据对彼方的了解来制定战略方针，所谓"知己知彼、百战百胜"的理论为后世兵法所推崇，它也是这场战役在军事理论方面的又一贡献。

垓下之战

垓下之战是指在汉高帝五年（前202年）十二月，在楚汉战争中，楚汉两军在垓下进行的一场战略决战。

一口气读懂军事常识

汉四年（前203年）八月，楚军和汉军对峙于广武，楚军弹尽粮绝，而刘邦也没能调来韩信、彭越等人的军队，双方都没有条件再进行战事。于是，双方签订了历史上著名的"鸿沟和议"。之后项羽率十万楚军绕南路、向固陵方向的迂回线路向楚地撤退，但是，正当刘邦打算率军西返之时，张良、陈平却建议撕毁鸿沟和议，趁楚军疲师东返之机从他们的背后发动偷袭。刘邦采用了二人的建议，于是背约，向楚军突然发起战略追击作战。大军追至夏南时，刘邦约集韩信、彭越军南下，共同合围楚军。

项羽知道后大怒，在清晨于此地发动突然反击，斩杀汉军近2万余人，又一次将汉军击败。而这时，韩信、彭越并没有出兵相助刘邦，刘邦慌忙率军退到陈下，并筑起堡垒坚守不出，而楚军再一次合围了刘邦。

刘邦以加封土地为报酬，终于搬动了韩信、彭越二人，使他们尽数挥军南下，同时命令刘贾率军联合营布从淮地北上，五路大军共同发动对项羽的最后合围。

垓下之战随之开始，汉军五路大军一共有70万之众，形成从西、北、西南、东北四面合围楚军之势，项羽被迫率10万楚军向垓下后撤。

汉五年（前202年）十二月，刘邦、韩信、刘贾、彭越和英布等五路大军于垓下完成了对10万楚军的合围。刘邦立刻任命韩信作为联军统帅，统帅大军作战。韩信命刘贾和英布军从南将楚军外围出路全部封死，命彭越军从北封闭通路，韩信亲率自军主力30万与刘邦本部军20万合成一股，向困守垓下的10万楚军发起进攻，展开决战。韩信30万主力与刘邦本部军合兵一股，向驻扎在垓下困守

的 10 万楚军发起了最后的进攻。这时韩信又积极地将主力大军精心编排出一个阵形：韩信亲率 30 万大军居中，作为前锋主力；将军孔熙率军数万在韩信军左面；陈贺率军数万在韩信军右面；刘邦率本部主力尾随韩信军跟进，将军周勃率军断后。

首先，韩信率本部军先行向楚军发动挑衅性进攻。项羽立刻率 10 万楚军发动中央突破作战，矛头直指韩信本部。汉军接战，韩信立刻命令大军后撤，以 30 万大军作为屏障掩护指挥部和刘邦的本部人马向后退去。汉军边战边退，楚军则是继续孤注一掷地疯狂突击，项羽本人更加是一马当先，亲自率 10 万将士猛打猛攻，直杀向韩信本人。

而另一方面，当韩信以前阵作为屏障掩护刘邦军回撤退避的同时，孔熙和陈贺所率的左右两军也从楚军左右两侧进行着迂回机动，威胁楚军侧翼。经过半天厮杀，项羽没能突破汉军阵线，韩信始终不断地向后退却，没有出现在项羽面前。由于项羽过于猛烈的冲锋，就明显拉开了军队前后的距离。楚军队形越来越散、越拉越长，已经渐渐失去了紧密的队形与互相之间的配合。战到下午，汉军中军一退再退，左右两军迂回急进，终于完成了前后夹击之态势。汉军左右军随之投入了对楚军后方侧翼的进攻，以紧密的阵形两面压来，很快合围了落在后面的楚军步兵。楚军将士殊死抵抗，两军官兵厮杀在一起，立刻陷入交战状态，将楚军步兵和骑兵一分两半，楚军攻势随之被牵制。项羽不得已，只好率残存骑兵回师而去救援步兵。

当得知左右军完成迂回并发动了对楚军后方步兵的进攻之时，韩信立即组织反击，并将刘邦主力和所剩的全部中军投入反冲击。汉军向项羽与楚军前锋骑兵反扑而来。数十万汉军对楚军发起了前

后夹击。项羽看到形势不对，立刻率全军从反方向突围，冲开汉左右军的包围，退回营中。此战，楚军阵亡4万余，被俘2万，被打散2万，仅余下2万伤兵随项羽退回阵中。随后，韩信率领全军收拢被楚军冲散的部队全数压上，完全包围了楚军大营。这时还歼灭了被打散的2万余楚军，没有给项王收拢散兵的机会。

项羽最后兵败，无奈自杀。到此为止，垓下决战结束。但它在中国历史上却有着里程碑的意义，它结束了秦末混战的局面，统一了中国，奠定了汉王朝四百年的基业。由于它的规模之大以及影响之深，所以被列为世界著名的古代七大战役之一，被誉为"东方的滑铁卢"。

漠北之战

漠北之战是汉朝对漠北地区匈奴的征讨，元狩四年（前119年）春，汉武帝派大将军卫青、骠骑将军霍去病各率领5万骑兵，分两路深入漠北，歼灭匈奴主力，还组织步兵数十万、马数万匹来保障作战。单于听到后，转移辎重，部署精兵在大漠北边，反击汉军。

汉武帝原本计划用霍去病部由定襄（今内蒙古和林格尔西北）北进，听到单于东去，于是改成由代（今河北蔚县东北）出发，命令卫青部从定襄出发。

卫青率军队出塞后，得知单于还没有东去，于是亲自带领精兵快速进军，同时命令李广、赵食其从东路迂回策应。卫青行军1000余里，穿过大漠，此时的单于本部早已布阵好，很快两军就开始交战，卫青先以武刚车（兵车）环绕为营，稳住阵脚，随后遣5000骑兵出战，到晚上卫青乘势指挥骑兵从两翼包围单于。单于看见汉军

兵强马壮，知道难以取胜，于是就率精骑数百，突围从西北逃走，至此匈奴军溃散。

紧接着，卫青赶快派轻骑追击，亲自带领主力跟上，直到颜山赵信城，歼敌有 2 万人，烧掉积粟后会师。李广、赵食其由于迷失道路，没有和卫青在漠北会师。

霍去病率领校尉李敢等出塞后，和右北平郡太守路博德部会师，穿过大漠，和匈奴左贤王部经历一场激战后，汉军大胜，夺取左贤王指挥旗鼓。匈奴兵逃跑，霍去病率部紧追，转战漠北，直到狼居胥山等地，深入 2000 余里，杀死 7 万余人才回来。

漠北之战最终以汉军的全面胜利而告终，经过这次战役以后，危害汉朝百余年的匈奴边患已基本得到解决。在历史上，汉武帝战胜匈奴具有着很重要的意义，它打通了到塔里木盆地及中亚的商路，匈奴控制的河西走廊也归属于汉朝。从此，在从中原到中亚的丝绸之路上，西汉的外交使节和商人往来不断，丝绸之路逐渐成为中西交流的一座桥梁。

官渡之战

建安三年（198 年），袁绍打败公孙瓒，拥有青、幽、冀和并四州之地。建安元年，曹操把汉献帝挟持到许昌，造成了"挟天子以令诸侯"的局面，取得了政治上的优势。建安二年（197 年）春，袁术在寿春（今安徽寿县）称帝。曹操就以"奉天子以令不臣"作为借口，进军讨伐袁术并将他消灭。从此曹操势力西到关中，东至兖、豫、徐州，控制了黄河以南，淮、汉以北大部地区，从而和袁绍形成沿黄河下游南北对峙的局面。袁绍的兵力在当时远远胜过曹

操，自然不甘屈居于曹操之下，他决心与曹操一决雌雄。建安四年（199年）六月，袁绍挑选精兵10万，战马万匹，企图南下进攻许昌，官渡之战的序幕由此拉开。

袁绍举兵南下的消息传到许昌，曹操部将多以为袁军强大不可敌。但曹操决定以所能集中的数万兵力抗击袁绍的进攻。他作出如下部署：派臧霸率精兵自琅玡进入青州，占领齐、北海、东安等地，牵制袁绍，巩固右翼，防止袁军从东面袭击许昌；曹操率兵进入冀州黎阳，令于禁率步骑2000屯守黄河南岸的重要渡口延津，协助扼守白马的东郡太守刘延，阻滞袁军渡河与长驱南下，同时以主力在官渡（今河南中牟东北）一带筑垒固守，以阻挡袁绍从正面进攻；派人镇抚关中，拉拢凉州，以稳定翼侧。建安四年（199年）十二月，当曹操正部署对袁绍作战时，刘备起兵造反，占领下邳，屯据沛县。刘军增至数万人，并和袁绍联系，打算合力攻曹。曹操为保持许昌和青、兖二州的联系，避免两面作战，于次年二月亲自率精兵东击刘备，迅速占领沛县，转而进攻下邳，迫使关羽投降。

建安五年（200年）二月，袁绍进军黎阳，想渡河寻求和曹军主力决战。他首先派颜良进攻白马的东郡太守刘延，想占领黄河南岸要点，以保障主力渡河。四月，曹操为了争取主动，求得初战的胜利，亲自率兵北上解救白马之围。此时谋士荀攸以为袁绍兵多，想声东击西，分散敌人兵力，建议先引兵到延津，伪装渡河攻袁绍后方，使袁绍分兵向西，然后派轻骑迅速袭击进攻白马的袁军，攻其不备，定可击败颜良。曹操采纳了他的建议，袁绍果然分兵到延津。曹操就乘机率轻骑，派张辽、关羽作为前锋，急趋白马。关羽迅速迫近颜良军，颜良仓促应战被斩杀，袁军溃败。曹操解了白马

之围后，迁徙白马的百姓沿黄河向西撤退，袁绍率军渡河追击，军队到达延津南，派大将文丑和刘备继续率兵追击曹军。曹操当时只有骑兵600，驻扎在南阪下，而袁军多达五六千骑，还有步兵在后跟进。曹操令士卒解鞍放马，并故意将辎重丢弃道旁。袁军一见果然中计，纷纷争抢财物。曹操突然发起攻击，最后击败袁军，杀了文丑，顺利退回官渡。

八月，袁军主力接近官渡，依沙堆立营，东西宽约数十里。曹操也立营和袁军对峙。袁绍谋士许攸投奔曹操，建议曹操轻兵奇袭乌巢，烧其辎重。曹操立即采取行动，留曹洪、荀攸守营垒，亲自率领步骑5000，冒用袁军旗号，人衔枚马缚口，各带柴草一束，利用夜暗走小路偷袭乌巢，到达后马上围攻放火。袁绍知道曹操袭击乌巢后，只派轻骑救援，主力则猛攻曹军大营。却不知道曹营坚固，攻打不下。当曹军急攻乌巢淳于琼营时，袁绍增援的部队已经迫近。曹操鼓励士兵死战，打败袁军，杀死淳于琼等，并将袁绍的粮草全数烧毁。袁军前线听到乌巢被破，导致军心动摇，内部分裂，大军遂溃。袁绍急忙带着800骑退回河北。曹军先后斩杀袁军7万余人，官渡之战就这样以曹操胜利而结束。

赤壁之战

赤壁之战发生在三国形成时期，它是孙权和刘备联军，于汉献帝建安十三年（208 年）在长江赤壁一带打败曹操军队，奠定三国鼎立基础的著名战役。

曹操基本统一北方后，作玄武池训练水兵，并对可能发生动乱的关中地区采取措施，随后于建安十三年七月出兵十多万南征荆州，

欲一统南北。孙权不顾主降派张昭等反对，命令周瑜为大都督，程普作为副都督，鲁肃作为赞军校尉，率 3 万精锐水兵，和刘备合军共约 5 万，溯江水而上，进驻夏口。曹操乘胜取江陵后，以刘表大将文聘作为江夏太守，仍然统领本部兵，镇守汉川（今江汉平原）。益州牧刘璋也派兵给曹操补军，开始向朝廷交纳贡赋。曹操更加骄傲轻敌，不听谋臣劝告，送信恐吓孙权，声称要在吴地决战。

孙刘联军在夏口部署后，溯江迎击曹军，在赤壁与曹军相遇。曹军步骑面对大江，失去威势，新改编和荆州新附的水兵，战斗力差，又遇上疾疫流行，导致初战失利，慌忙退向北岸，屯兵乌林，和联军隔江对峙。曹操下令将战船相连，减弱了风浪颠簸，有利于北方兵士上船，欲加紧演练，等待时机进攻。周瑜鉴于敌众己寡，久持不利，决意寻机速战。部将黄盖针对曹军"连环船"的弱点，建议火攻。黄盖马上派人送伪降书给曹操，随后带船数十艘出发，前面 10 艘满载浸油的干柴草，用布遮掩，插上和曹操约定的旗号，并且系轻快小艇于船后，顺东南风驶向乌林。接近对岸时，戒备松懈的曹军都争相观看黄盖来降。此时，黄盖下令点燃柴草，各自换乘小艇退走。火船乘风闯入曹军船阵，顿时一片火海，迅速延伸到岸边营屯。联军乘势攻击，曹军伤亡惨重。曹操深知已不能挽回败局，下令烧船，引军退走。曹操带领军队离开江岸，走江陵，经过华容道，遇到泥泞，垫草过骑，才得以脱逃。曹操留下曹仁守江陵，满宠屯兵当阳，自己回到北方。

周瑜等和曹仁隔江对峙，并派甘宁攻夷陵。曹仁分兵围甘宁。周瑜率军前往救援，打败曹军，最后回军渡江屯北岸，继续和曹仁对峙。刘备自江陵回师夏口后，沿着汉水欲迂回曹仁后方。曹仁自

一口气读懂军事常识

知再难相持，第二年被迫撤退。

赤壁之战，曹操自负轻敌，指挥失误，加上水军不强，终于战败。孙权和刘备在强敌面前，冷静分析形势，结盟抗战，利用水战之长处，巧用火攻，创造了中国军事史上以弱胜强的著名战例。

中日甲午战争

中日甲午战争发生在 1894—1895 年间，是日本侵略中国和朝鲜的一场战争。它于 1894 年爆发，按中国干支纪年，因此年为甲午年，故称甲午战争。它是由蓄意吞并朝鲜、西侵中国的日本所挑起的。战争主要在朝鲜半岛和海上进行，陆战有平壤之战，海战指黄海海战，战争主要分为以下几个阶段：

平壤之战发生在 9 月 15 日，当时驻守平壤的清军有 35 营，17000 人，进军平壤的日军有 16000 多人。早上三时，日军第九混成旅团由大岛义昌少将指挥，首先对大同江南岸清军发动进攻。太原镇总兵马玉崑督队英勇抗击，日军官兵死伤惨重，午后二时全部撤出战场。玄武门是日军的主攻方向，因此集中了优势兵力，是立见尚文少将的第十旅团与佐藤正大佐的第十八联队担任主攻。高州镇总兵左宝贵在玄武门指挥，炮轰敌人。左宝贵中炮牺牲，他的部下三位营官也先后阵亡，午后二时玄武门于是被日军攻陷。日军想往城内推进，受到清军阻击，只好退守玄武门。早上七时，野津道贯中将亲自带领日本第五师团本队，在平壤西南用炮火掩护步兵冲锋，清军马上进行反攻。到中午，野津道贯看到难以得手退回驻地。清军总统叶志超贪生怕死，在午后四时树白旗停止抵抗，还命令全军撤退，渡鸭绿江回国。日军占据朝鲜全境。

黄海海战发生在 9 月 17 日，是中日双方海军主力间的决战，它发生在鸭绿江口大东沟附近海面。北洋舰队参加战斗军舰有 10 艘，日本海军进入战斗军舰就有 12 艘。开战后，北洋舰队重创日本军舰，但北洋舰队中致远舰也受重创。而后"镇远"舰的 30.5 厘米大炮先后击中日本旗舰"松岛"号两次，发生了大爆炸，日军 100 余人都被击毙。此时伊东祐亨命令退出战场，北洋舰队也返回旅顺，历时 5 个多小时的黄海海战就结束了。

从 1894 年 9 月 17 日到 11 月 22 日，战争在辽东半岛进行，有鸭绿江防之战与金旅之战。鸭绿江防之战开战于 10 月 24 日，当时部署在鸭绿江北岸的清军有 82 营，有 28000 人，日军进攻部队有 30000 人。当天午前 11 时，日军先在九连城上游的安平河口泅水过江成功。日军还在虎山附近的鸭绿江中流架好浮桥，清军竟未觉察。25 日晨 6 时，日军越过浮桥，向虎山清军阵地发动进攻。清军奋勇还击，因伤亡重大退出阵地。日军占领虎山。26 日，日军占领了九连城与安东县。金旅之战开战在 10 月 24 日，到 11 月 22 日结束。日军的登陆活动历时 12 天，清军竟坐视不问。11 月 6 日，日军占领金州。7 日，日军分三路对大连湾进攻，不战就得大连湾。日军开始向旅顺进逼。18 日，日军前锋进攻土城子，徐邦道指挥拱卫军奋勇抗御，把日军击退。21 日，日军对旅顺口发起总攻。22 日占领旅顺口还血洗全城。

从 1984 年 11 月 22 日到 1895 年 4 月 17 日，战争在山东半岛与辽东两个战场进行，有威海卫之战与辽东之战。

1895 年 1 月 20 日，日本第二军有 25000 人在荣成龙须岛登陆，23 日全部登陆。30 日，日军集中兵力进攻威海卫南帮炮台，当时驻

守南帮炮台的清军只有6营3000人。营官周家恩守卫摩天岭阵地，壮烈牺牲，但是日军也死伤累累。由于敌我兵力众寡悬殊，南帮炮台最后被日军攻占，2月3日日军又占领威海卫城。连日来，日军水陆两路配合，先后对刘公岛与威海港内北洋舰队发起八次进攻，都被击退。从1895年1月17日，清军先后四次发动收回海城之战，皆遭挫败。2月28日，日军在海城分路进犯，3月4日占领牛庄，7日不战而取营口，9日又攻陷田庄台。才十天时间，清朝100余营6万多大军就在辽河东岸全线溃退。

总之，1894—1985年间的中日甲午战争，是中国甚至世界近代史上的重大事件，它的爆发完全是出自于日本的勃勃野心，因此它也是一场非正义的战争。

平型关大捷

平型关大捷是在抗日战争时期，中国第二战区在八路军115师的配合下在平型关伏击日军并获得胜利的战役。

八路军出师华北挺进山西之际，日军第五师团在察哈尔派遣军的配合下，正沿平绥路进攻长城沿线，企图南下进攻太原，夺取山西地区，并由右翼配合华北方面军在平汉路的作战。中国第二战区作出了沿长城各隘阻击日军的作战计划，在平型关方面，决心集合重兵歼灭来犯之敌，并请求八路军配合侧击日军。为了配合友军作战，保卫山西，振奋八路军军威，八路军115师成功进行了平型关伏击战，取得首战大捷。

平型关在山西省东北部，是晋东北的一个咽喉要道，在关前，有一条由西南向东北延伸的狭窄沟道，是伏击歼敌的理想地。1937

年 9 月上旬，八路军 115 师开赴平型关附近。2 日，日军第五师团第二十一旅团一部，由灵丘往平型关进犯，并进入东跑池地区。23 日，115 师决心利用日军骄横、疏于戒备的弱点，利用平型关东北的有利地形，用伏击手段歼敌，还召开连以上干部会议，进行深入的战斗动员。24 日深夜，115 师利用暗夜与暴雨的掩护，秘密进入白崖台等预置好的战斗阵地。25 日拂晓，日军第五师团第二十一旅后续部队乘汽车 100 余辆，附辎重大车 200 余辆，跟着灵丘—平型关公路从东向西开进。7 时许，部队全部进入 115 师预伏阵地。115 师抓住战机，马上命令全线开火，并乘敌陷入混乱之际，适时发起冲击。115 师一部歼敌先头，阻其沿公路南窜之路；一部分割合围日军后尾部队，断其退路；一部冲过公路快速抢占老爷庙和以北高地；一部阻断先期攻占东跑池的日军回援；一部阻断日军第五师团派遣的增援部队。经过激烈战斗，全歼被围日军，大获全胜。

八路军 115 师共击毙日军 1000 余人，击毁汽车 100 余辆，马车 200 余辆，缴获步枪 1000 余支，机枪 20 余挺，火炮 1 门，还有大批军用物资，获得了全国抗战开始以来中国军队的第一个大胜利。

百团大战

百团大战是指 1940 年下半年，彭德怀指挥八路军 129 师与晋察军区等共 105 个团 20 余万兵力，向华北地区的日伪军发动了一次进攻战役。此次战役共进行大小战斗 1800 余次，攻占据点 2900 余个，歼灭日伪军 45000 余人。

从 1939 年冬以来，日军把铁路、公路作为支柱，向抗日根据地进行频繁扫荡，并要割断太行、晋察冀等战略区的联系，推行所谓

"以铁路为柱，公路为链，碉堡为锁"的"囚笼政策"。八路军总部决定发起交通破击战，重点破袭正太铁路与同蒲路北段，给日本华北方面军以有力打击。

7月22日，八路军总司令朱德、副总司令彭德怀和副参谋长左权下达《战役预备命令》，规定以不少于22个团的兵力，大举破击正太铁路；同时要求对同蒲、平汉、津浦、北宁、德石等铁路和华北一些主要公路线，也部署适当兵力展开广泛的破击，来配合正太铁路的破击战，来阻击日军向正太铁路增援；命令各部在破击交通线的同时，相继收回日军占领的一些据点。在这些地区与交通线上，驻有日军共20余万人，另有飞机150架以及伪军约15万人。

按八路军总部原来规定，参战兵力至少22个团。但战役发起后，由于八路军广大指战员与抗日根据地民众痛恨日军的"囚笼政策"，参加破击战的积极性十分高，因此各部投入了大量兵力，计晋察冀军区39个团、129师46个团和120师20个团，共105个团20余万人，还有许多地方游击队以及民兵参加作战。

8月20日到9月10日，八路军于正太、同蒲、平汉、津浦等主要交通线发起总攻击，重点破坏了正太铁路。历时20天的战斗，按预定计划全部完成。正太铁路线的路轨、桥梁、隧道、水塔和车站等都被破坏，平汉、同蒲、石德、北宁铁路和主要公路也被切断，华北各交通线陷入瘫痪。

9月22日到10月上旬，为了继续扩大战果，八路军摧毁交通线两侧以及深入各抗日根据地的敌伪据点。10月6日到第二年1月24日，主要目的是反击日伪军的报复扫荡。在此段时间里，八路军先后击毁了日伪军对太行、太岳、平西、北岳以及晋西北等抗日根据

地的大规模扫荡。

百团大战长达5个多月，从8月20日到12月5日的三个半月中，八路军共进行大小战斗1825次，共计毙、伤、俘以及投诚日伪军达46480人。其中有毙、伤日军35612人，伪军6000人；俘虏日军300人，伪军89560人；日军自动携械投诚者47人，伪军反正者1845人。同时，缴获各种枪5942支，各种炮53门。此外，还缴获以及破坏了其他大量军用物资。

百团大战是抗战时期中国军队主动出击日军的一次最大规模的战役，它使敌后抗日军民的声威深入人心，加强了全国人民争取抗战胜利的信心，在战略上也一定程度地支持了国民党正面战场。

莱芜战役

莱芜战役是发生在1947年的国共之间的战争。1947年1月中旬鲁南战役结束后，陇海路以南整个苏皖地区进入敌后游击战争环境。华中野战军主力北上进入山东。新四军军部改成华东军区机关，正式建立华东野战军，由陈毅任华东军区司令员、华东野战军司令员和政治委员，饶漱石任华东军区政治委员，粟裕任华东野战军副司令员，谭震林任华东野战军副政治委员，陈士榘任参谋长。华东野战军下辖共11个步兵纵队和1个特种兵纵队。能够集中使用的野战军主力为9个纵队约27万人，华东军区部队约有30万人。

蒋介石于是急忙调集53个旅31万人组织"鲁南会战"。南线国民党军用整编第十九军军长欧震指挥的8个整编师20个旅，组成主要突击集团，从台儿庄、郯城和城头一线北进临沂。北线国民党军用第二绥靖区副司令长官李仙洲指挥的3个军9个师，组成辅助突

一口气读懂军事常识

击集团，从明水、周村南犯莱芜、新泰，实现南北夹攻，企图迫使华东野战军主力在临沂地区和其决战。

华东野战军决心集中主力24个师的兵力，把北犯之敌诱进到适当地区，选其突出的一路围歼之。1月31日，南路之敌开始北进，但因为进攻之敌齐头并进，稳扎稳打，不便分割歼灭。自胶济路向南进犯的北线之敌李仙洲集团先头部队在2月4日抵达莱芜。华东野战军以为与其待机过久，不如主动放弃华东军区首府临沂，于是决定迅速北上求歼李仙洲集团。2月10日，华东野战军除留第二、第三纵队伪装主力阻击南线之敌外，主力隐蔽兼程北上。19日，华东野战军各部逼近莱芜、颜庄地区。22日，北线之敌第46军由新泰退到莱芜和第73军汇合，华东野战军马上把该敌包围。23日，莱芜被围之敌向北突围，战到中午华东野战军攻占莱芜城，切断了北逃之敌的后路。随后，华东野战军主力自东、西两面发起猛烈攻击，到下午五时，把敌人全歼，战役结束。

莱芜战役，华东野战军以临沂一座空城，换取歼灭国民党军1个"绥靖"区指挥部、2个军部、7个师共5.6万余人的重大胜利。

辽沈战役

辽沈战役是1948年9月12日到11月2日，中国人民解放军东北野战军于辽宁西部和沈阳、长春地区对国民党军进行的战略性决战，它是中国人民解放战争中具有决定意义的三大战役之一。

在东北战场，国民党军总兵力约55万人，人民解放军已达103万人，东北地区97%以上的土地与86%以上的人口已获得解放，人力物力充足。蒋介石与东北"剿总"总司令卫立煌认为东北战局处

于欲撤难舍的状态，于是将主力收缩在沈阳、长春和锦州三个孤立地区。中共中央从全国整个战局出发，认为同国民党军进行战略决战的时机已经成熟，决定将战略决战首先放在东北战场，于是制定了主力南下北宁线攻克锦州、将国民党军封闭在东北、各个歼灭的作战方针。林彪、罗荣桓领导的东北野战军，集中了53个师，70余万人，于1948年9月12日发动辽沈战役。

在辽沈战役爆发前，东北人民解放军已经有野战部队70万人，地方部队30多万人，而国民党在此地部队才55万人，卫立煌正规军才48万人，而且兵力已经收缩在沈阳、长春、锦州等孤立据点，正处在或守或撤的境地。主力决战时机已经成熟，于是，1948年9月，中共中央军事委员会命令东北野战军发动辽沈战役。

解放军攻占锦州的东北野战军南下，向北宁路沿线发动进攻。到10月1日，先后攻占了昌黎、绥中、义县和塔山等地，切断北宁线。10日，东进兵团对塔山猛攻，受到解放军顽强阻击。14日，东北野战军5个纵队以及1个师分别从东、南、西三个方向，对锦州发起总攻，31小时内在次日晚占领锦州，全歼守敌10万余人，封闭了国民党军自陆上撤回关内的通道，形成关门打狗之势。

17日，国民党第60军在曾泽生军长率领下起义，东北"剿总"副司令郑洞国也于19日率部投降，长春解放。10月26日夜，解放军出动数倍兵力向被包围在大虎山以东地区的廖耀湘兵团实施分割围歼，到28日全歼10万余人，生俘兵团司令廖耀湘等高级将领。

为防止沈阳守军从海上撤走，解放军用3个纵队和5个独立师构成向沈阳的四面包围，又用3个纵队直插营口，断掉海上退路。11月1日，解放军对沈阳市区发起总攻，第二日攻占，歼敌13万余

人。2 日，解放营口，歼敌 1.4 万，敌第 52 军一部从海上撤往葫芦岛。辽沈战役到此结束。

解放军在辽沈战役中取得的胜利，对马克思主义军事理论和毛泽东军事思想有了空前的发展，也为东北我军入关组织平津战役提供了最佳机会。另外，从中国历史上讲，辽沈战役使国民党军总兵力下降到 290 万人，而解放军总兵力上升至 300 万人，至此，国共两者之间的局面出现扭转，两者交战的主动权也彻底颠倒过来。

淮海战役

淮海战役开始于 1948 年 11 月 6 日，到 1949 年 1 月 10 日结束。

1948 年 11 月 6 日，华东野战军分路南下。8 日，国民党军何基沣、张克侠率部 2 万余人战场起义。10 日，我军将黄百韬兵团分割包围在徐州以东的碾庄地区，用了 10 天逐村恶战，到 22 日全部消灭敌军 10 万余人，敌兵团司令黄百韬自杀。11 月 16 日，我军攻占宿县，达到对徐州的战略包围，这时，中共中央军委决定以刘伯承、陈毅、邓小平、粟裕、谭震林组成总前委，邓小平任书记，统一指挥淮海战役。

11 月 23 日，中原野战军于宿县西南的双堆集地区，包围了黄维兵团 12 个师。徐州"剿总"总司令刘峙撤到蚌埠，副总司令杜聿明继续在徐州指挥。12 月 1 日，敌人弃徐州向西南逃窜。4，华东野战军追击部队把徐州逃跑敌人包围。6 日，敌军孙元良兵团妄图突围，一会儿就被歼灭，孙元良一个人潜逃。当天中原野战军与华东野战军集中 9 个纵队的优势兵力，向黄维兵团发起总攻。经过激战，到 15 日全部消灭敌军 12 万余人，活捉黄维。此后，为配合平津战

役，按照中共中央军委的统一部署，对该集团围而不歼，部队进行了20天休整。

1949年1月6日至10日，华东野战军向被包围的杜聿明集团发起总攻，用了4天时间战斗，全部消灭邱清泉、李弥两个兵团共30万人，俘获杜聿明，杀死邱清泉，李弥逃走。这次战役，我军参战部队60万人，敌军先后出动兵力80万人，用了65天，共灭敌55.5万余人，将蒋介石在南线战场上的精锐部队消灭干净。至此长江以北的华东与中原广大地区已经基本解放，国民党反动统治中心南京处在人民解放军的直接威胁之下。

济南战役后，9月25日，中央军委同意华东野战军进行淮海战役的建议。10月中旬，中原野战军派第二纵队对江汉、第六纵队对宛西行动，吸引白崇禧主力第三兵团向南，第十二兵团向西，从而配合郑州战役。根据中央军委最先歼灭第七兵团，切断津浦路徐蚌段，孤立徐州的计划，华东野战军决用7个纵队分割围歼第七兵团在新安镇、阿湖地区。首先由8个纵队担任阻缓任务，其中以3个纵队南北对进，牵制、阻击第十三兵团东援，割裂第七、第十三两兵团之间的联系，用山东兵团指挥3个纵队歼灭第三绥靖区之敌。然后渡过运河，直逼徐州以东，以牵制敌第十三兵团，阻击徐州之敌东援，用2个纵队从西北面威胁徐州。中原野战军主力4个纵队从睢县、柘城地区东进，消灭商丘地区之敌第四绥靖区，然后攻占宿县，切断津浦路徐蚌段，完成对徐州的战略包围，并调第二、第六纵队到淮海战场阻击敌第十二兵团。华东野战军按计划在6日夜间发起淮海战役，各部队向预定目标开进，发现敌人正在收缩，马上转入追击。我山东兵团安全地南渡运河，越过防区，直逼徐州以

东地区。11 月 10 日，山东兵团主力消灭了第七兵团西撤的先头师，切断了敌人的退路，11 日华东野战军把敌第七兵团包围于碾庄地区。陈毅、邓小平马上指挥中原野战军主力和华东野战军第三以及两广纵队转入徐蚌段作战。

10 月 15 日夜，中原野战军占领宿县，歼敌一个师，切断了敌徐州和蚌埠间的联系，完成了对徐州的战略包围。10 月 12 日，我军对敌第七兵团展开猛攻，20 日攻占碾庄，22 日全歼第七兵团，击毙黄百韬。敌第十二兵团 11 个师，受到中原野战军阻击。10 月 25 日，敌第十二兵团 12 万人由我中原野战军 7 个纵队包围在宿县西南之双堆集地区。16 兵团自行突围，被我军消灭。第二、第十三两兵团马上就地进行防御。我军同时包围了敌方两个集团，蚌埠之敌还想北上救援。总前委以中原野战军 6 个纵队和华东野战军各 1 个纵队阻击由蚌埠再次北援之敌第六兵团，由华东野战军 2 个纵队组为总预备队。12 日我军向敌第十二兵团发动总攻，到 15 日把敌人全部消灭，生俘黄维。华东我军就于 1 月 6 日对杜聿明集团发起总攻，到 10 日将敌全歼，生俘杜聿明，毙死邱清泉，淮海战役胜利结束。

古代埃及与赫梯战争

公元前 14 世纪末叶至前 13 世纪中叶，古代埃及和赫梯为争夺叙利亚地区的控制权展开了延续数十年的战争。其中，战役卡迭石之战是古代军事史上有文字记载的最早的会战之一，战后缔结的和约也是历史上保留至今最早的有文字记载的国际军事条约文书。

公元前 3000 年，埃及曾多次发动过对叙利亚地区的征服战争，

力图建立以及巩固在叙利亚地区的霸权。约公元前14世纪，当埃及忙于宗教改革无暇他顾时，赫梯迅速崛起，积极向叙利亚推进，逐步控制了南至大马士革的整个叙利亚地区，严重地影响了埃及在叙利亚地区的利益。约前1290年，埃及第19王朝法老拉美西斯二世（约前1290—前1224在位）即位，他决心重振旗鼓，和赫梯一争高低，以恢复埃及在叙利亚地区的统治地位。为此，拉美西斯厉兵秣马，扩军备战，组建了普塔赫军团，加上原有的阿蒙军团、赖军团与塞特军团，以及努比亚人、沙尔丹人等组成的雇佣军，共拥有4个军团、2万余人的兵力。公元前1286年，埃及首先出兵占领了南叙利亚的别里特和比布鲁斯。第二年（前1285年）4月末，拉美西斯二世御驾亲征，率4个军团从三角洲东部的嘉鲁要塞出发，沿里达尼河谷与奥伦特河谷挥师北上。经过近一个月的行军，拉美西斯军队到达卡迭石地区，在卡迭石以南约15英里处的高地宿营。卡迭石位于奥伦特河上游西岸，是联结南北叙利亚的咽喉要道，也是赫梯军队的军事重镇与战略要地。

在埃及举兵北上的时候，赫梯也进入了积极的备战状态中。拉美西斯二世还未启程，赫梯就从派往埃及的间谍那里获悉了埃及即将出兵远征的秘密情报。赫梯王穆瓦塔尔召开王室会议，制定了粉碎埃军企图北进的作战计划。赫梯集结了包括2500—3500辆双马战车在内的2万余人的兵力，隐蔽在卡迭石城堡内外，想诱敌进入伏击圈后，将其一举歼灭。

拉美西斯二世率军在卡迭石附近高地驻扎一夜后，在第二天清晨指挥主力部队向卡迭石进击，想在黄昏之前攻下该堡。拉美西斯二世率阿蒙军团冲锋在前，赖军团和普塔赫军团居后跟进，塞特军

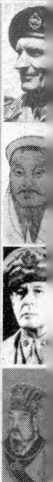

团由于行动迟缓，一时难以到达战场。当阿蒙军团进到卡迭石以南8英里的萨布吐纳渡口时，截获两名赫梯军队的"逃亡者"，这两名实为赫梯"死间"的贝都因游牧人假报赫梯主力尚远在卡迭石以北百里之外的哈尔帕，并假称卡迭石守军士气低落，力量薄弱，畏惧埃军，特别是叙利亚王侯久有归顺埃及之意。拉美西斯二世信以为真，马上指挥阿蒙军团从萨布吐纳渡口跨过奥伦特河，孤军深入，直抵卡迭石城下。穆瓦塔尔闻讯立即将赫梯主力秘密转移至奥伦特河东岸，将埃及军队团团围住。到此时拉美西斯二世才知中计，马上派急使催促赖军团与普塔赫军团紧急来援。当赖军团到达卡迭石以南的丛林时，早已设伏在此的赫梯战车出其不意地攻其侧翼，赖军团损失惨重。接着，赫梯军队以2500辆战车向埃军阿蒙军团发起猛烈进攻，埃军士兵一触即溃，陷入重围之中的拉美西斯二世在侍卫的掩护下，奋力抵抗。在此危急时刻，埃及军队北上远征时曾留在阿穆路南部的一支部队赶到。这支援军呈三线配置，一线是以战车为主，轻步兵掩护，二线是步兵，三线步兵与战车各半，突然出现于赫梯军队侧后，对赫梯军猛攻，把拉美西斯二世从危局中解救了出来。埃及军队连续发动6次冲锋，将大量赫梯军战车赶入河中。赫梯王也增派战车投入战场，猛冲埃及中军，并令8000名要塞守军短促出击，予以配合，战斗十分激烈。黄昏时分，埃及普塔赫军团先头部队赶到，参加战斗。入夜，赫梯军退守要塞，战斗结束，双方势均力敌，胜负未分。

在此后的16年中，埃及与赫梯之间的战争延绵不断。拉美西斯二世吸取卡迭石之战轻敌冒进的教训，改取稳进战略，一度退到奥伦特河，但赫梯采用固守城堡，力避会战的策略，双方均未能取得

一口气读懂军事常识

决定性胜利。

长达数十年的战争使双方都已消耗很多精力，后来双方都无力再战，于是缔结和平条约，约定实现永久和平，"永远不再发生敌对"，永远保持"美好的和平与美好的兄弟关系"。条约签订后，赫梯王通过政治联姻，进一步巩固了双方的同盟关系。

奥斯特里茨战役

奥斯特里茨战役因参战方为法国皇帝拿破仑·波拿巴，俄国沙皇亚历山大一世和奥地利皇帝弗朗西斯二世，所以又被称为"三皇之战"，也是世界战争中的一场著名战役。

奥斯特里茨战役于1805年11月27日拉开了序幕。当时，俄奥联军的总兵力已达到8.6万人，其中俄军5.3万人，奥军3.3万人，共有火炮350门。根据总司令部的决定，联军把这些兵力分成5路纵队，由奥洛穆茨附近的阵地出发，渐渐向东南开进，在布尔诺以东的奥斯特里茨镇和它的西南一线展开。12月1日，联军开到战场，迅速占据了普拉岑高地，还作好了全面进攻的准备。

为诱使俄奥军队加速发起进攻，拿破仑主动放弃利于防守的普拉岑高地，俄奥军队将此举误以为法军惧战退缩。于是，12月2日早上七时左右，俄、奥军在奥斯特里茨地区各自排成展开大约有12千米的密集队形，同时正面向法军发动了进攻。

因为在兵力上占有大约4：1的优势，所以他们很快就攻克了位于哥尔德巴赫河东岸的特尔尼兹村，进入了西岸的佐克尔尼兹村，迫使法军逐渐向后退去。

拿破仑命令第二线的第三军快速投入战斗，在西南方向突击敌

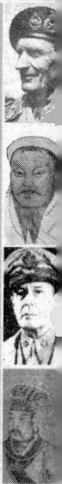

人的左侧后方。由于法军反击，已经渡过哥尔德巴赫河的联军，被迫向河的东岸撤退。

当时，库图佐夫早已被剥夺了指挥权，但他还带领一个军的兵力，稳坐在普拉岑高地，静观战局的进一步发展，等到了关键时刻才把这支部队拿上去。可是沙皇却已按捺不住，他看到联军主力的攻击受挫，就命令占领普拉岑高地上的这个军放弃阵地，前去增援南翼的联军。他的任务是要保障南翼联军右翼与侧后的安全，同时增强那里的攻击能力。却不知这样一来，竟把联军的整个部署给打乱了。

拿破仑期盼的时机终于来到。上午9时左右，他看到俄军自动撤离普拉岑高地，就立即命令第四军以及其左翼2个师转入进攻，快速从普拉岑高地北侧攻占该高地，只经过短暂的战斗便占领了这一要点。

普拉岑高地一经失守，亚历山大马上意识到了自己的失策，于是在库图佐夫的帮助下，下令把所有的预备队调上来，想重新夺回这一高地，至此双方的骑兵展开了非常猛烈的冲杀。在反复争夺中，俄军仅有一次重新登上高地，但在法国近卫军的轻骑兵迅速赶到时，又被迫退了下来。之后，俄军又一次投入骑兵进行猛烈反扑。眼看法军就要被压回来，贝西埃率领近卫军的一部分重骑兵赶到，还从俄军的侧翼猛冲过来，导致俄军阵脚大乱。这样，俄军连续四次实行了猛烈反击，结果都被法军打退，至中午11时左右，法军进入进攻，将俄奥联军从阵地中央切开，让他们分为互相不能策应的南北两个部分。而这样在南面的联军主力，彻底暴露在占领普拉岑高地的法军火力之下。

就在这时，法军的第五军与第一军在缪拉的骑兵军的配合下，艰难地打退了联军两个军的多次冲击，坚守着阵地。在削弱了联军的进攻能力以后，缪拉的骑兵军与拉纳的第五军果断地进行了反击，将北面的联军赶回到了奥斯特里茨。

联军在整个战线的中部与北部都被法军完全击溃了。仅有在南部的主力还被法军第三军与第四军的一部分兵力牵制着，正处于普拉岑高地与扎钱湖之间，陷入孤立突出的不利态势中。其左翼处在沼泽地与湖泊中，右翼与侧后遭到占领普拉岑高地的法军的威胁，处境十分危急。拿破仑十分敏锐地发现并快速利用了这一有利时机。他在占稳普拉岑高地以后，迅速将火炮调了上去，用来支援法军的全线反攻。

拿破仑指挥法军主力向联军南翼3个军的翼侧与侧后实施了最后的突击。法军呼喊着从高地的斜坡横扫下去，联军一会儿就溃散了，只有少数人逃到布尔诺方向，大部分被压缩到了扎钱湖与莫尼茨湖之间的沼泽地带。他们被追到了刚刚结冰的湖面上，人马车炮，拥挤不堪。此时，普拉岑高地上的法军炮兵，开始向湖面进行强烈轰击。一会儿工夫，冰碎炮翻，人员纷纷落水。在这样彻底被动挨打的情况下，联军士兵没有办法，放下武器，当了俘虏。

下午4点30分，天降小雪。拿破仑乘马巡视战场，奥斯特里茨战役以法军的辉煌胜利而结束。

滑铁卢战役

滑铁卢战役发生在比利时南部，也就是在首都布鲁塞尔不远处。拿破仑，这头被困的雄狮自己从厄尔巴岛的牢笼中闯出来了。

当他的野心逐渐膨胀时，欧洲的各个国家为了自身的利益逐渐结成了反法同盟。那些国家聚集到一起，抽调出一支英国军队、一支普鲁士军队和一支奥地利军队以及一支俄国军队。他们现在又要联合起来，完全击败这个篡权者。威灵顿开始从北边向法国进军，布吕歇尔统率的普鲁士军，作为他的增援部队在另一方向前进。俄国军团作为后备军，也正带着辎重，穿过德国。

拿破仑早就看清了这种致命的危险，他一定要在普鲁士人、英国人和奥地利人联合成为一支欧洲盟军以前将他们分而攻之，而且他必须快速行动。6月15日凌晨3时，拿破仑大军的先头部队越过边界，来到比利时。16日他们在林尼遭遇普鲁士军，将普军击败。普军虽被击败，但并没有全部消灭，而是往布鲁塞尔撤退。

现在，拿破仑准备第二次猛击，就对威灵顿的部队进攻。17日，拿破仑率领全军抵达四臂村高地前。拿破仑的一切部署从没有像那一天那样的细致周到，他的军令也从没有像那一天那样的清楚明白。他不仅反复研究进攻的方案，而且还充分估计到自己面临的各种危险，另外他又抽调出一部分部队去跟踪追击普鲁士军，以阻止他们与英军会合。

6月17日上午11时，拿破仑第一次将独立指挥权交给格鲁希元帅。11时炮手们接到命令，从上午11时到下午1时，法军师团向高地进攻，一度占领了村庄与阵地。但后来他们又被击退下来，继而又发动进攻，向威灵顿的高地发起了一次又一次的冲锋，但是威灵顿还是岿然不动。这时格鲁希那边还是没有消息来，当拿破仑看见普军的前卫正在渐渐逼近时，内伊元帅将全部骑兵投入了战斗。于是，1万名殊死一战的盔甲骑兵与步骑兵踩烂了英军的方阵，冲破了

英军开始的几道防线。

这时双方都没有后备部队了，战役谁会胜出已经完全取决于谁的增援部队先到。普军的侧翼终于响起了枪击声，拿破仑认为自己的侧翼现在已有了保护，就集中了最后剩下的全部兵力，对威灵顿的主阵地再次发起攻击。普军的大批人马从树林里穿出来，拿破仑的部队开始退却，但还有一定的秩序。而威灵顿就抓住这一关键时刻，所有剩下的英军一下子全都跃身而起，对着溃退的敌人冲去。此时，普鲁士骑兵也从侧面向法军冲杀过去，就几分钟的工夫，这支有着赫赫军威的部队成为了一股被人驱赶的人流。

滑铁卢战役对当时的欧洲局面具有很大的意义。如果拿破仑胜出，那么法国将会成为欧洲的主宰，但是他失败了，一直到战争结束，拿破仑终于在一家乡村客店里疲倦地躺下时，他已经不再是个皇帝了。

南北战争

南北战争又称美国内战，发生于 1861 年 4 月 15 日，到 1865 年 4 月才结束，前后持续了四年，是美国南方和北方之间进行的战争。北方领导战争的是资产阶级，战斗力量是广大工人、农民以及黑人，而南方坚持战争的只是种植场奴隶主。

1860 年共和党人林肯成为总统，美国民主党受到惨败，这就是南方奴隶主脱离联邦以及发起叛乱的信号。南部蓄奴州南卡罗来纳州最先脱离联邦，然后佐治亚州、亚拉巴马、佛罗里达、密西西比、路易斯安那以及得克萨斯诸州相继脱离，并在 1861 年 2 月宣布成立"南部同盟"，另立杰斐逊·戴维斯作为总统的政府。1861 年 4 月 12

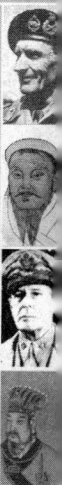

日叛乱政府军开始炮击在南卡罗来纳的联邦萨姆特要塞，14 日被攻陷。林肯政府在 4 月 15 日发布讨伐令，内战爆发。没多久，弗吉尼亚、北卡罗来纳、田纳西以及阿肯色 4 州退出联邦参加南部联盟。

林肯政府在内战初期进行战争的目的在于恢复南北的统一。在内战第一阶段，北方在军事上连遭失败，尤其是在 1861 年 7 月马纳萨斯到 1862 年夏的半岛战役中，北军损失惨重。在北方军事屡次失败的情况下，共和党内部的激进派和社会上的废权主义者提出解放奴隶与武装黑人的主张。这时林肯也意识到解放奴隶的必要性，在 1862 年 9 月 22 日，林肯发表了《解放黑人奴隶宣言》。消息传至南方后，成千上万的奴隶逃到北方，1862—1863 年北方实行武装黑人的政策，许多黑人报名参加北方军队。1862 年 5 月颁布的《宅地法》规定，林肯政府镇压反革命分子，除掉军队中的南方代理人。1863 年开始实施征兵法，来代替募兵制，以增强北方的兵力，同时，林肯任命 U. S. 格兰特为全军统帅。

1863 年，北方在军事上出现转机，7 月 1 日葛底斯堡大捷，是内战的转折点。战场上的主动权到了北方军队手中。1864 年，北方最高统帅在东线用消耗敌人的力量作为主要目标，在西线以强大兵力深入敌方腹地，切断"南部同盟"的东北部和西南部的联系。1864 年 9 月，W. T. 谢尔曼将军麾下的北军攻占亚特兰大，两个月后开始著名的"向海洋进军"。在东线，格兰特将军统率北军将敌军驱逼到叛乱"首都"里士满。1865 年初，奴隶纷纷逃亡，在南方内部也出现反对派，南方逃兵与日俱增。由于粮食和日用品匮乏，1865 年 4 月 9 日，R. E. 李的部队被北方军队重围，这才向格兰特请降。

内战以林肯领导的北方获得胜利而结束，它是美国历史上的一

次大规模战争。北方在战争中的胜利，确立了北方大资产阶级在全国的统治地位。因此，美国内战在美国历史发展中是具有划时代的进步意义的，它不仅维护了国家统一，而且为美国资本主义的加速发展扫清了道路，奠定了美国跻身于世界强国之列的基础。

日俄战争

日俄战争开始于 1904 年，此时日本现役兵员 13 个师，20 余万人，海军舰只 152 艘。俄国实力虽远比日本强大，但它的陆军精锐都集中在西部边境，驻扎远东俄军只有 4 个师，12 万人，海军分布在太平洋、波罗的海与黑海，而且海军相对舰龄较老，战斗力弱。因此俄国希望推迟决战，而日本就力图一举夺取日本海与黄海的制海权，利于速战速决。

2 月，日本黑木第一军 6 万人，在仁川登陆，很快北上，5 月初渡过鸭绿江，打败沙俄沿江守军 3 万余人，攻入中国境内。攻占重要据点九连城和凤凰城，获得对俄陆上作战的第一个胜利。

5 月 5 日，奥保巩第二军 5 万人在貔子窝附近上岸，攻击沙俄金州守军。双方经激战后，俄军后撤，日军占领大连，取得重要补给基地，还切断旅顺俄军和辽阳俄军主力的铁路交通。辽阳俄军奉命救援旅顺，双方于瓦房沟交战，俄军战败。野津第四军接着还在大孤山登陆，和第二军分道北上，会合第一军进攻辽阳。

6 月初，乃木希典率第三军攻入旅顺，7 月占领营口。8 月，日海军在旅顺港附近击毁俄国太平洋舰队主力，占领黄海、日本海域的制海权，旅顺俄军陷入重围。

8 月，日军在总司令官大山岩指挥下，一、二、四军一起攻打辽

阳。俄守军16万人，凭借重炮与强固工事，重创日本二、四军。日第一军渡太子河包抄俄军，俄军统帅库罗巴特金担心被围，下令全军后撤。日军获得重大胜利。

10月7日，俄军渡沙河想包围日军，日军全线出击，大举进攻，到16日，俄军撤到奉天。

1905年1月1日，经几个月的围攻，在双方都遭极大伤亡后，旅顺俄军投降。乃木就率第三军移师北上，参入奉天会战。交战双方兵力约66万人，俄国33万，日本27万。2月23日，日军声东击西，首先进攻俄军左翼，俄军急调右翼兵力增强左翼，乃木率军马上对俄军右翼迂回前进，进攻得手后，在3月4日接近奉天以北铁路线，同时，日军还在俄军左翼加紧进攻，形成向俄军大包围的形势。3月10日，俄军被迫后撤，日军占领奉天，还乘胜进据铁岭、开原，俄军退到四平街，直到战争结束。

5月27日至28日，远道赶来增援的俄国波罗的海舰队在对马海峡与东乡平八郎率领的日本联合舰队进行了大规模海战，俄国舰队全军覆没。随后日军又攻占了库页岛的一部分。至此，大规模军事行动停止。

日俄战争表面上的意义在于确立了日本的强权地位，从更深层次上来说，它最重要的意义在于它是亚洲一个小王国对欧洲一个强大国家的胜利，可以说是世界近代史上的一个转折点。这一事件给整个殖民地世界以巨大希望和极大刺激，使被压迫民族激动不已。

波兰战役

第一次世界大战德国战败后，被迫割掉大片土地，但泽被划归

波兰辟成自由市，通往波罗的海的"波兰走廊"将原本连成一片的德国领土分为了两块，在"走廊"之东的东普鲁士成了远离德国本土的"孤岛"。因此德国人一直对失去但泽与"走廊"地区耿耿于怀。希特勒上台后就发誓要报这一箭之仇，他以飞快的速度重整军备，在短短的几年间就将德国从《凡尔赛条约》的受辱者变为欧洲最大的军事强国。1939年3月15日，希特勒兼并了捷克斯洛伐克，然后要求波兰归还但泽并解决波兰走廊问题，受到波兰拒绝。1939年4月3日，希特勒下达了代号为"白色方案"的秘密指令，命令德国三军部队于9月1日前完成向波兰作战的准备工作。

德军统帅部计划以快速兵团与强大的空军，进行突然袭击，闪电般摧毁波军防线，攻占波兰西部与南部工业区，然后长驱直入波兰腹地，消灭各个孤立的波兰军团，想在半个月内结束战争，接着回师增援可能受到英法进攻的西线。德军组成了南路与北路两个集团军群：南路集团军群是伦德施泰特指挥，其目的是首先歼灭西里西亚地区的波军集团，接着从西南方向迂回华沙；北路集团军群是包克指挥，其目的是首先切断"波兰走廊"，完全消灭集结在这里的波军集团，接着从东普鲁士南下，在背面攻击维斯瓦河上的波军，并向东北方向迂回华沙。

这时，波军统帅部也想出了代号为"西方计划"的对德作战计划，建立了波莫瑞、莫德林、波兹南、罗兹、克拉可夫、喀尔巴阡和纳雷夫7个集团军，并在沿北部边境部署了2个集团军，沿西与西南部边境部署了4个集团军，另外1个集团军部署在维斯瓦河以东地区，当做预备队。

希特勒马上下令于8月31日发动攻击，命令德军在9月1日凌

晨发动攻击。几分钟后波兰人就第一次尝到了人类历史上规模最大的来自空中的突然死亡与毁灭的滋味。约1小时后，德军地面部队从北、西和西南三面发动了全线进攻，同时，停泊于但泽港外伪装友好访问的德国战舰"霍尔斯坦"号也突然对波军基地开炮。波军猝不及防，500架第一线飞机没来得及起飞就被炸毁在机场，无数火炮、汽车和其他辎重来不及撤退即被摧毁，交通枢纽与指挥中心受到破坏，部队一片混乱。德军趁势用装甲部队与摩托化部队为前导，很快在几个主要地段突破了波军防线。

德军突破波军防线后，对波兰境腹地进行突击。伦斯德的南路集团军群用赖歇瑙的第十集团军作为中路主力，用利斯特的第十四集团军作为右翼，在左翼布拉斯科维兹的第8集团军掩护下，在西面与西南面向维斯瓦河中游挺进。包克的北路集团军群用克鲁格的第四集团军作为主力，向东直逼"波兰走廊"，还用屈希勒尔的第三集团军在东普鲁士向南直冲华沙和华沙后方的布格河。

开战后，古德里安率部很快突破波兰边境防线，9月1日晚渡过布拉希河，9月3日推进到维斯瓦河一线，实现了对"波兰走廊"地区波军"波莫瑞"集团军的包围。波兰骑兵用他们手中的马刀与长矛向德军的坦克发动猛攻。德军见状大吃一惊，毫不留情地用坦克炮与机枪对波军扫射，用履带碾压波军。到9月4日，波军"波莫瑞"集团军的3个步兵师与1个骑兵旅全部被消灭，而古德里安指挥的4个师一共只死亡150人，伤700人。

德军闪电式的进攻让波军完全陷入了被动挨打的境地。9月6日，波军总司令斯密莱·利兹元帅下令所有部队撤到维斯瓦河以东，建立维斯瓦河—桑河线，而波兰政府也于当日仓皇撤离华沙迁往卢

布林。

到9月7日，伦斯德的南路集团军群攻击波军"罗兹"与"克拉科夫"两集团军，攻占了波兰的罗兹与克拉科夫，其中第十集团军的前锋霍普勒的第十六装甲军在9月8到达华沙南郊，在南面切断了波军"波兹南"集团军退路。包克的北路集团军群消灭了波军"波莫瑞"集团军还重创波军"莫德林"集团军，攻占了"波兰走廊"，接着强渡维斯瓦河，夺占了华沙道路阵地。

9月8日，北路集团军群所属屈希勒尔的第3集团军与克鲁格的第四集团军在北与西北对华沙总方向实施突击。9月11日，古德里安的第十九装甲军渡过纳雷夫河，开始往布格河迅速推进。9月14日，南路集团军群所属赖歇瑙的第十集团军与布拉斯科维兹的第八集团军在维斯瓦河包围撤退的波军，占据了波兰中部地区，使华沙处在半被合围的状态。到9月15日，古德里安的第十九装甲军合围了布列斯特，其第三装甲师与第二摩托化师继续向南推进，以便和南路集团军群的右翼——利斯特的第十四集团军实现最后的纵深合围。第十四集团军的前锋克莱斯特的第二十二装甲军，合围了科沃夫之后继续北进，16日在符活达瓦地区和北路集团军群会师，包围了退集在布格河、桑河和维斯瓦河三角地带的波军。9月17日，德军在实现华沙的包围后，限令华沙当局在12小时内投降。而波兰政府与波军统帅部已于16日越过边界逃到罗马尼亚。

9月25日，德军开始对华沙外围的要塞、据点和重要补给中心进行炮击。随后，德第8集团军开始对华沙发起攻击。第二日，德国空军轰炸华沙，到9月27日时，华沙守军已不再抵抗，9月28日，华沙守军司令向德第八集团军司令布拉斯科维兹上将签署了投

降书。9 月 29 日，莫德林要塞投降。到 10 月 2 日，进行抵抗的最后一个城市格丁尼亚停止抵抗。

这样，第二次世界大战爆发后的第一个战役只用了一个月的时间便结束了。

马恩河会战

马恩河会战是第一次世界大战期间，协约国军队同德军于 1914 年在法国马恩河地区进行的两次会战，它是第一次世界大战初期发生在法国境内马恩河地区的一次重要战役。

1914 年 8 月法国边境之战后，法第四、第五集团军与英国远征军于 9 月初撤道马恩河以南，在巴黎至凡尔登一线布防。法军总参谋长 J. J. C. 霞飞将军组建第六、第九集团军，分别部署在巴黎外围和第四与第五集团军之间，准备进行反攻。德军总参谋长 H. J. L. von 毛奇，在 9 月 4 日命令第一、第二集团军在巴黎以东进入防御，第三、第四、第五集团军南下，协同在东面进攻的第六集团军包围凡尔登以南的法军。同日，霞飞命令法第五、第六集团军与英远征军向德第一、第二集团军进行主要突击，法第九、第四集团军牵制敌第三、第四集团军，法第三集团军在凡尔登以西进行辅助突击。

9 月 5 日，法第六集团军先头部队和德第一集团军在乌尔克河西岸相遇。法军第一次使用汽车将第六集团军一部从巴黎运到前线。克卢克发觉右翼与后方遭到威胁后，命令部队于 8 日全部撤到马恩河北岸，于是在第二集团军之间出现宽 50 千米的防御间隙。6 日，法第五集团军与英远征军从德军防御间隙地带穿插，8 日逼近马恩河，构成向德第一集团军的合围态势。同时，德第二集团军早已暴

露的右翼也面临被围的危险。9日，德第一、第二集团军被迫后撤。毛奇于10日下令全线停止进攻，撤到努瓦永和凡尔登一线。

此次会战以德军失败告终。

珍珠港战争

珍珠港战争是1941年12月7日清晨，日本帝国海军的航空母舰舰载飞机与微型潜艇突然袭击美国海军太平洋舰队在夏威夷基地珍珠港以及美国陆军与海军在欧胡岛上的飞机场的事件。它最终导致了太平洋战争的爆发，这次战争也被称为珍珠港事件或奇袭珍珠港。

日本从1941年中开始向东南亚的扩张引起了这个地区主要强国的不安，为了给日本一点颜色，美国中断了对日本的经济贸易，其中重要的有高辛烷石油，没有石油，日本的飞机不能升天，舰艇不能在海中行驶，这样日本根本无法再继续对外扩张。

由于日本的石油只能维持半年的时间，日本明白，或者从中国撤兵，停止对外扩张，外交上向美国靠拢；或者自组旗帜，南下夺取战略资源，继续加强对外侵略。南洋是美国、英国、荷兰的殖民地，进军南洋也就是对美英两国宣战。

太平洋上的珍珠港是交通的主要枢纽，夏威夷东到美国西海岸，西距日本，西南到诸岛群，北至阿拉斯加和白令海峡，都在2000海里（1海里＝1.852千米）到3000海里之间，跨越太平洋往来南北的飞机，都把夏威夷作为中续站。日本以为先在太平洋上夺取制空制海权就意味着南下的道路畅通无阻，必须先摧毁珍珠港，于是日本发动了珍珠港突袭。

袭击珍珠港的目的在于消灭美国海军在太平洋上的主力。袭击

珍珠港计划的策划者山本五十六本人以为一次成功的袭击只能带来一年左右的战略优势，从1941年1月日本海军开始为这次行动进行严格的训练。

11月26日，日本海军一支由六艘航空母舰作为主力的舰队在海军中将南云忠一的指挥下离开日本开往珍珠港。途中舰队保持完全的无线电静默状态。除这六艘航空母舰外，日本舰队还有两艘战列舰、三艘巡洋舰、九艘驱逐舰与三艘潜艇，此外还包括八艘油轮与两艘驱逐舰，它们只开到北太平洋等候。

12月8日早晨，这支舰队的飞机轰炸了欧胡岛上所有的美军机场与许多在珍珠港内停泊的舰艇，包括那里的战列舰。地面上几乎全部飞机被摧毁，只有少数飞机得到起飞和还击。而12艘战列舰与其他舰船被击沉或损坏，188架飞机被摧毁，155架飞机被破坏，2403名美国人丧亡。仅亚利桑那号战列舰爆炸沉没时便有上千人死亡。

日本参加这次袭击的航空母舰有赤城号、加贺号、苍龙号、飞龙号、翔鹤号以及瑞鹤号，共计搭载舰载机414架，其中战斗机、鱼雷轰炸机、俯冲轰炸机以及水平轰炸机被毁55架。这些飞机分两波攻击，南云中将决定放弃第三波攻击便将主力撤回。

偷袭珍珠港就此结束。这次袭击最终把美国卷入第二次世界大战。

太平洋战争

太平洋战争是第二次世界大战主战场之一，它是指民主力量和法西斯势力在全球最广阔海域的大冲撞，气势非常宏伟，堪称战争

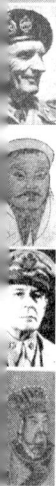

史上的绝笔。参战的国家达 37 个，涉及人口超过 15 亿，交战双方动用兵力在 6000 万以上，时间长达 3 年零几个月，伤亡和损失难以统计。

1941 年 12 月 8 日黎明，日本出动飞机约 360 架和军舰 55 艘，由南云忠一率领，连续 2 次猛袭珍珠港的美国军舰和机场，击沉或者击伤军舰 19 艘，死伤 3000 多人。同时，由寺内寿一指挥的日本南方军 40 余万人，分兵数路进攻香港、马来西亚、菲律宾、印度尼西亚与缅甸。日军还对盟国在太平洋中部和南部的一些战略岛屿进攻，达到了建立空军前进基地的目的。

1942 年 5—6 月，日本为了切断美国与澳大利亚的联系，相继进攻所罗门群岛东部新几内亚以及中途岛。在珊瑚海海战（5 月 7—8 日）、中途岛海战（6 月 4—5 日）中，日方损失惨重。同年 8 月 7 日，美军发动局部反攻，在所罗门群岛的瓜达尔卡纳尔岛登陆，展开了长期的争夺战。由于美方掌握了制空和制海权，日军连受重创，死亡 2.46 万人，损失舰艇 30 余艘、飞机 300 架，残兵被迫于 1943 年 2 月从该岛撤走。瓜岛战役之后，战况较为沉寂，美军在太平洋只展开了有限的进攻，日军虽然进行反扑，但是徒劳无功。同年 4 月，日本海军主帅山本五十六被美机伏击毙命。1943 年 11 月盟军开始大反攻，分别由 C·W·尼米兹与 D.麦克阿瑟指挥，从中太平洋和西南太平洋对日占领区进攻。1944 年春夏间，美国先后夺取马绍尔、加罗林与马里亚纳三群岛。10 月爆发莱特湾海战，日本海空军力尽失。1945 年 1 月美军在吕宋岛登陆，3 月占领马尼拉，同年 3—6 月，美军占领硫黄岛与冲绳，迫近日本本土。5 月，德国投降。为了保住本土与朝鲜，日本进行了空前的战争大动员"本土决战"。7

月 26 日中美英三国政府首脑发表《波茨坦公告》，促令日本投降，但是日本拒绝接受。8 月 6 日和 9 日美国把仅有的两颗原子弹投在广岛与长崎，造成居民大量伤亡。8 月 8 日苏联向日本宣战，出动 157 万大军、3400 多架飞机和 5500 多辆坦克，分兵三路向中国东北挺进。9 日苏军对日本关东军发起总攻击，同时进军库页岛南部与千岛群岛，10 日蒙古人民共和国对日宣战。此时，中国共产党领导下的八路军、新四军以及其他抗日武装力量，对日军展开了全面反攻。由于势穷力竭，日本只好被迫于 8 月 15 日宣布投降。9 月 2 日在美国军舰密苏里号上举行签降仪式。

在太平洋战争中，反法西斯联盟各国取得了最后胜利。太平洋战争的结局对中国也有着巨大的作用，它让中国从此彻底摆脱了日本的威胁，为中华民族自身的发展和在亚洲充分发挥积极作用创造了历史的机遇。

中途岛战役

中途岛，面积虽小，但它特殊的地理位置决定了它战略地位的重要性。该岛距美国旧金山与日本横滨均相距 2800 海里，处在亚洲与北美之间的太平洋航线的中途，故名中途岛。它是美国在中太平洋地区的重要军事基地与交通枢纽，也是美军在夏威夷的门户与前哨阵地。可以这么说，中途岛一旦失守，唇亡齿寒，美太平洋舰队的大本营珍珠港也将不保。

中途岛海战是第二次世界大战的一场重要战役，于 1942 年 6 月 4 日展开。中途岛 6 月 4 日凌晨，日本第一攻击波机群 36 架俯冲轰炸机、36 架水平轰炸机以及 36 架零式战斗机开始从 4 艘航空母舰上

一起起飞，108 架舰载机在永友文市海军大尉的率领下出发进攻中途岛。南云中将命令侦察机搜索东和南方向海域，第二攻击波飞机提到飞行甲板上，准备反击美国舰队。6 月 4 日拂晓，斯普鲁恩斯少将马上做出反应，准备攻击日军航母。美国舰队由于已经破解了日本海军"JN—25"的通讯密码，就对敌人的计划了如指掌。6 月 4 日清晨，日本舰载机对中途岛发动了猛烈的攻击，驻扎在中途岛的美军战斗机也全部升空，迎击来侵的日本战机。美军的轰炸机，包括 B—17 型轰炸机，也对日本舰队发动还击。7 时 06 分，由战斗机、鱼雷机和俯冲轰炸机所组成的 117 架战机，在斯普鲁恩斯少将所率领的第 16 特混编队大黄蜂号和企业号升空，奔向 200 海里外的南云舰队。8 时 40 分，15 海里以外的弗莱彻少将带领的第 17 特混编队约克镇号起飞了 35 架战机。7 时 10 分，第一批从中途岛起飞的 10 架美军鱼雷轰炸机出现在南云舰队的上空，美军飞机排成单行，扑向日航空母舰，但在日军战斗机的截杀与日舰猛烈的炮火下，很快就被击落了 7 架。友永的报告与美机的攻击，使南云中将相信中途岛的防御力量还很强，就决定把原来准备用于对付美舰的飞机改为对中途岛进行第二次轰炸。此时，他还没有发现美军舰队。

中途岛 7 时 15 分，南云下令赤城号与加贺号将在甲板上已经装好鱼雷的飞机送下机库，卸下鱼雷换装对地攻击的高爆炸弹。7 时 30 分，南云得到电报，在中途岛约 240 海里的海面发现 10 艘美国军舰。此时，40 余架从中途岛起飞的美军 B—17 轰炸机与俯冲轰炸机扑向南云的舰队，结果迅速就被南云派出的零式战斗机击退。8 时 15 分，南云终于得到侦察机传来的报告，美军舰队里确实有航母的存在。南云下令各舰停止装炸弹，飞机又送回机库重新改装鱼雷。9

时25分，美军一队编队发现了南云舰队。但不幸的是，他们最终被日军的零式战斗机与高射炮火全部击落，30名飞行员除1人生还外全部遇难。9时30分，从企业号和约克镇号起飞的28架美军战机陆续尾随而来，向苍龙号与飞龙号展开攻击。10时24分，第一架日本战斗机飞离飞行甲板。企业号的33架"无畏"式俯冲轰炸机，分成2个中队分别攻击赤城号航空母舰与加贺号航空母舰，接踵而来的是17架从约克镇号航空母舰上起飞的"无畏"式俯冲轰炸机，它们专门攻击苍龙号航空母舰。这时，日本三艘航空母舰被完全炸毁了。10时40分，日第2航空战队司令官山口多闻少将发动反击，18架攻击编队从飞龙号航空母舰起飞。11点30分，南云中将及其幕僚到了长良号巡洋舰，开始集合残余的舰队。13时40分，10架日军"九七"式鱼雷攻击机与6架"零"式战斗机又从飞龙号飞来，向受伤的约克城号发起了第二次攻击。16时45分，美军企业号航空母舰的俯冲轰炸机成功地击毁了日军剩下的飞龙号。飞龙号当即命中4弹。山口司令官与舰长加来止男随舰葬身大海。

中途岛6月4日晚19时，日军苍龙号、加贺号航空母舰先后沉没。6月5日天亮，美军飞机轰炸日军巡洋舰三隈号、最上号。三隈号葬身海底，最上号回到基地。攻击结束以后，美军特混舰队就撤离战场。

由此，中途岛之战最终宣告结束。美国海军不仅于此战役中成功地击退了日本海军对中途环礁的攻击，还因此取得了太平洋战区的主动权，所以这场仗可说是太平洋战区的转折点。

苏德战争

苏德战争开始于1941年6月22日。凌晨4时30分，德军在北

一口气读懂军事常识

到波罗的海、南达黑海的1800多千米的漫长战线定为北方、中央和南方3个集团军群对苏联发动突然袭击，德军向苏联境内推进。

德军的各个集团军群都有着各自的目的：德军中央集团军群的目的是围歼白俄罗斯的苏军，兵源有50个师和2个旅，然后进攻苏联的心脏莫斯科；北方集团军群的兵力有29个师，目的是歼灭波罗的海沿岸的苏军，进攻列宁格勒；南方集团军群的目的是向基辅与整个乌克兰总方向进攻，将乌克兰的苏军主力消灭在第聂伯河以西，兵源有57个师和13个旅。此外，还有直指北方的挪威以及芬兰两个集团军，分别对摩尔曼斯克和列宁格勒方向进行突击。

战争刚开始，苏联西部66个机场遭受猛烈轰炸，苏军半天之内便损失飞机1200架，苏联西部城市、海空军基地、通讯设施，在德军航空兵攻击之下受损，边境军区指挥机构完全陷于瘫痪。德军在战争的头一天就前进了50—60千米。苏联国防委员会在战况不明的情况下，在当晚发布不切实际的命令，要求边境军区进行猛烈反击，消灭敌人，这种盲目的指挥让前线战况更加恶化。

在战争的第一周，德军借助突然进攻、武器装备上的优势、军队早已动员与集中，并有作战经验，打得极其顺手。中央集团军群已推进至白俄罗斯首都明斯克，南方集团军群的前锋，已近到通向基辅的接近地，北方集团军群，早已渡过西德维纳河。

面对德军的到来，苏联政府虽然采取紧急措施，把前沿军区定为方面军，成立了苏军统帅部。但是由于多种原因，在战争初期，苏军就已有28个师被全歼，70个师人员武器损失过半。

德军在侵占明斯克后，7月15日，通过激烈战斗，占领了苏联首都莫斯科的门户斯摩棱斯克，合围了苏军十几个师，阻断了苏联

西部最重要的交通干线明斯克—莫斯科公路。德军并把德军中央集团军群的司令部设在斯摩棱斯克，而这时德军离莫斯科仅有380公里之遥了。

9月，北方集团军群占领立陶宛、拉脱维亚与爱沙尼亚全部，到达列宁格勒近郊，后联合芬兰军队完全封锁了列宁格勒，苏联开始了长达900天的列宁格勒保卫战。德军虽然在南方与北方取得重大胜利，但在北路列宁格勒还没有完全得手，而在中路还错过了进攻莫斯科的最好时机，也失去了一举击溃苏联的最佳机会。

9月底，德军中央集团军群大举攻取莫斯科，德军用于台风行动莫斯科方向的兵力有180万，75个师，1700辆坦克，14000门火炮，1400架飞机。到10月份后，苏联到了秋冬时节，而这对苏军就非常有利。11月7日，冒着德军的炮火，斯大林坚持在红场举行纪念十月革命胜利24周年的阅兵式，阅兵式后的苏军直接开赴前线。经过浴血奋战，苏军凭借极其坚强的抵抗与熟悉的自然条件顶住了德军进攻，并在1941年12月转入反攻。

1942年4月，莫斯科会战以苏军获得胜利而告终。

1942年5月，苏军在哈尔科夫地区的进攻作战失利，有几个集团军被全歼。6月德军占领了苏联克里米亚地区黑海舰队的主港塞凡堡。接着，德军挥师直指斯大林格勒与外高加索，企图从东南方向返回莫斯科，并占领外高加索的苏石油产地，切断苏南部地区与莫斯科的联系。6月28日，德军向顿河大草原方向发起了规模巨大的夏季攻势，渡过了顿河河曲，占领了罗斯托夫。

1942年7月下旬，斯大林格勒会战打响。德国精锐的第六集团军对斯大林格勒方向推进，苏军把两个正在组建的坦克集团军投入

战斗，但被德军完全歼灭。7月底，德军将第四装甲军团从高加索油田边缘调过来支援进攻斯大林格勒方向，德军的兵力达25万人，740辆坦克以及1200架飞机的支援。然而苏军匆匆组建的斯大林格勒方面军，只有18个满员师以及16个不满员师，作战部队有16万人，有近400辆坦克以及600多架飞机。德军在战役之初进展顺利，虽然苏军顽强抵抗，德军还是突破了苏军的层层防线。9月13日，德军进入市区。苏军统帅部积极研究挽救斯大林格勒的办法，他们觉得只有用城市吸引住德军的重兵集团，再用强大的预备队包围德军第六集团军才是解决之道。至9月底，苏军固守的地段仅有伏尔加河西岸的纵深不到1公里的狭长地带，然而德军却一直不能完全占领斯大林格勒，并一直坚持到11月份，战争进入白热化。

11月19日早晨，苏军进行天王星计划，在斯大林格勒附近进行大规模反攻，11月23日，苏军包围了德军第六集团军全部。1943年1月10日，苏军发起总攻，到1943年2月2日，德军第六集团军司令长官保卢斯投降，苏军全部歼灭了德军第六集团军，从此根本扭转了苏德战场的局势。双方共约有200万人在瓦砾中丧生，其中50万是平民。

1943年，斯大林格勒战役后，苏军继续向顿河上游、库尔斯克方向与哈尔科夫方向发展进攻，收回了库尔斯克等地。同年1月，苏军突破德军对列宁格勒共900天的封锁，到4月初收回了北高加索大部分地区。

1943年7月，德军在库尔斯克突出部集中优势兵力，企图合围库尔斯克突出部的两个方面军的苏军，发动其在东线的最后一次进攻战——库尔斯克会战。12日，双方在库尔斯克突出部南翼的门户

奥博杨方向的小村普罗霍罗夫卡发生坦克遭遇战,双方都有1200辆坦克参战,都有大量飞机支援,激烈的战斗持续了一整天。世界军事史上最大的坦克大会战爆发了。8月23日,苏军收回哈尔科夫,库尔斯克战役以苏军全面取胜而结束。这场战役被称为苏德战争中最大规模的决战,也被称为第二次世界大战中最大规模的战役。

8月,苏军在大卢基至黑海长达2000多千米的战线上展开进攻,到11月为止,收复近一半失地,有布良斯克、斯摩棱斯克和基辅等大城市。

1943年8—11月,苏军在南线完全肃清高加索地区的德军,收回了顿巴斯。在乌克兰,收回了第聂伯罗彼得罗夫斯克和基德军留在苏联的大片坟场辅,后又在中线解放了斯摩棱斯克。

1944年开始,苏军向德军连续发动了10次重大的战略性进攻,收回了本国的全部领土,并把战线推移到境外,进入波兰、罗马尼亚、保加利亚和南斯拉夫等国作战,到年底共消灭德军约200万人。

1945年4月16日,苏军从奥得河、尼斯河同时对柏林发动进攻,激战16个昼夜,到5月2日下午3时,德军终止抵抗,柏林战役结束。苏军歼灭与俘虏德军40多万人,苏联红旗插上了柏林国会大厦的顶峰,标志着战争的结束,也标志着欧洲战争的结束。

诺曼底登陆战役

诺曼底登陆战役发生于1944年6月6日6时30分,是第二次世界大战中盟军在欧洲西线战场发起的一场大规模战役。这场战役盟军计划在1944年6月6日展开,8月19日渡过塞纳—马恩省河后结束。在诺曼底战役中作战的盟军主要由加拿大、英国和美国组成。

盟军空降兵的任务是在登陆滩头两侧距海岸 10—15 千米的浅近纵深空降，阻止敌军预备队的增援，并自侧后攻击德军海岸防御阵地，配合海上登陆。因为在最初的一两天里，盟军只登陆 6—8 个步兵师，如果在装甲部队上陆前德军突破了登陆部队的防线，将会给登陆带来灭顶之灾。因此，空降兵的行动在登陆初期对于登陆胜利是至关重要的。

英国第六空降师是最早投入战斗行动的部队。早在午夜零点 16 分，他们就被空投到登陆地区的左翼地区，他们的目标就是夺取佩加索斯桥附近的桥梁，以防止德军的装甲部队前往海岸支持。伞兵们迅速占领了这些桥梁，还成功地控制了他们，直到那天稍后登陆的突击队员赶来，此行动的目标还有夺取在梅尔维勒的地堡。虽然地堡没有被摧毁，但是在战斗以后，地堡中除了 6 人以外，其余全部伤亡。由于没有经验的领航员与地面情况复杂，部队被散落在各处。有些伞兵很不幸地降落在了海中和内陆中那些被德军故意淹没的低洼地区，很多人由于装备沉重，就被淹死在仅及膝深的水中。24 小时后，101 师只剩下约 3000 人。伞兵们被投放到整个诺曼底，让德军陷入一片混乱。伞兵们各自为战，分散了德军的兵力，取得了不少战果。并且他们使德军指挥官高估了伞兵的人数，调动了更多不必要的军力。82 师在 6 日早上占取了圣·梅尔·艾格里斯，这个小镇就成了整个法国第一个被解放的城镇。

盟军的空降，在登陆的最初时间里夺得了交通枢纽、桥梁和海滩通路，摧毁了德军的炮兵阵地和德军防御的稳定性以及牵制了德军的预备队，使德军处在被动局面，为登陆的胜利创造了条件。宝剑海滩紧邻奥恩河口的兀斯特罕港，是"大君主作战"5 个抢滩地

中最东边的一个海滩，而法国北部的航运中心康城，就位于海滩南边9英里处。从宝剑滩东边登陆的英军部队在抢滩后，很快地就击溃德军轻装步兵的火力，并于午后和先前空降内陆的伞兵部队会合。但从宝剑滩西边登陆的英军，就遭到德军第二十一师坦克部队的顽强抵抗，无法顺利和从朱诺海滩登陆的加拿大部队会师。双方一直激战到黄昏后，盟军才成功击退德军的装甲部队，当天登陆的29000名英军中，伤亡人数仅有630人。

以库赛叶栩美港为中心向两侧伸展的朱诺海滩登陆区，宽约6英里，德军的轻装步兵便部署在海滩沙丘后方的村落中。地形特征对必须穿越沙丘进攻的盟军部队来说，是极大的威胁。登陆作战一开始就极为惨烈，有1/3的盟军登陆艇惨遭德军的水雷与障碍物摧毁。加拿大的攻击部队虽然轻易地穿过沙滩，但在沙丘前遭到德军火力无情的攻击，使得首批进攻部队的伤亡率高达50%。接近中午时，加拿大部队才占领了沿岸的城镇，向内陆挺进，并和来自黄金海滩的英军会师。参加裘诺登陆战的官兵共21400名，伤亡人数就有1200人。

黄金海滩是整个登陆行动的中心点，登陆的时间则比犹他与奥马哈海滩的登陆行动晚了一个小时。由于涨潮与海相不佳的缘故，盟军无法彻底清除海域中的布雷与障碍物。另外还有德军在滨海小城利维拉与阿梅尔的重兵防守以及在离海岸500米的内陆设立的4门155毫米的重炮。但是英军在皇家海军艾杰克斯号的强力炮火轰击下，最终摧毁这4门重炮，抑制了德军的防卫火力，官兵伤亡仅有400名。奥马哈海滩被称为诺曼底登陆战役中战斗最为激烈的海滩，因德军在这次战役中损失惨重，所以又被称为"血腥奥马哈"。

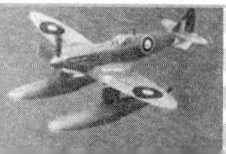

这里的登陆作战任务是由美军第九军承担，隆美尔在3月将德军精锐的352步兵师全部调往诺曼底，而352师的一个主力团就驻扎在奥马哈滩头。

登陆当天天气状况极端恶劣，整整两个小时，美军没有一名士兵在西段冲上海滩，在东段也就占领了9米宽的一段海滩，登陆行动几乎完全失败。然而美国海军给奥马哈海滩带来了转机，由于海滩登陆部队长时间没有任何联络传来，海军指挥官认识到奥马哈海滩上的形势已经极为严峻，于是17艘驱逐舰不顾危险在近距离给登陆美军进行火力支援。而美军的敢死队此时也爬上了霍克海角，结果发现所谓155毫米海岸炮仅仅是电线杆伪装的。没了后顾之忧的海军对德军据点倾泻炮弹，先前被堵在海滩上的美军也在精锐部队第一师的带领下开始冲锋，中午时分登陆部队第二梯队提前登陆。而在空军的指引下，美国海军的战列舰与巡洋舰也开始对岸射击，德军的防御到此基本崩溃。天黑时美军正式登陆成功，第五军军部上岸并设立了指挥所。

犹他海滩地处卡伦坦湾的西侧，是一处宽约3英里的沙滩。盟军实际登陆的地点，虽然比预定地往东偏了一英里，不过还好德军在登陆点部署的兵力不算多。攻击行动展开后，仅用三小时，盟军部队便跨越了滩头，掌控了沿海的公路；当天中午之前，登陆部队便和五小时前空降于敌后的空降部队碰头。而到了当天午夜，盟军不但已经成功达成此次登陆预订的作战目标，更往内陆推进了4英里。在所有登陆作战中，犹他滩登陆是伤亡人数最少的一次，仅有197名伤亡人员。在盟军登陆后，在七天里共登陆士兵32.6万，物资10.4万吨，并继续往欧洲大陆运送更多的人员、物资、装备以及

补给。

诺曼底登陆的胜利，宣告了盟军在欧洲大陆第二战场的开辟，也就是说纳粹德国陷入两面作战，减轻了苏联军队的压力，协同苏军有利地攻克柏林，迫使法西斯德国提前投降。

古巴导弹危机

古巴导弹危机发生在 1962 年的加勒比海地区，是由苏联在古巴部署导弹、美国坚持要求撤除导弹而引发的。

1961 年 1 月 5 日，美国宣布与古巴断绝外交关系，并很快从经济上开始向古巴进行制裁，将一个完全依靠生产与销售糖类来维持国计民生的国家严密地封锁起来，让它的食糖卖不出去，企图扼杀年轻的古巴共和国。

1961 年 4 月 15 日，在美国的策划下，古巴流亡分子驾驶美国 B—26 型轰炸机向古巴进行了两天的轰炸，1000 多名雇佣军登上古巴猪湾，妄图入侵古巴并以暴力推翻卡斯特罗新政府。但在 72 小时内，入侵者就被古巴人民一网打尽。

在遭到美国的强大压力时，卡斯特罗才向苏联寻求援助，苏联当时对古巴的处境表示出极度的关切。因为古巴局势的发展，直接关系着苏联在拉丁美洲的影响，关系着苏联的威信和其在拉美的立脚点。因此，在 1960 年古巴与苏联恢复了外交关系，苏联在美国与古巴绝交后抓住机会，对古巴进行援助。

1962 年，赫鲁晓夫在 7 月 3 日与 8 日参加了和劳尔·卡斯特罗的会谈，达成秘密协议。苏联把运往古巴的货物改为用苏联船只运送，将几十枚导弹与几十架飞机拆开装到集装箱里运往古巴。同时，

3500 名军事技术人员也先后乘船前往，每一枚导弹中都携带有一个威力比在广岛的原子弹大 20 或 30 倍的核弹头。经过伪装的第一批武器是于 7 月下旬用商船运到古巴的。

　　到 9 月 2 日，苏联就公开宣布，苏联将对古巴供应武器与提供技术专家。此时，苏联的武器以及专家的运输计划已完成，部署工作也已完成。1962 年 8 月，美国发现了苏联设在古巴的导弹发射场。1962 年 10 月 14 日，两架美国 U2 飞机由南向北飞过古巴西部上空并拍摄了大量照片，并让专家们研究放大照片上的画面。10 月 15 日，他们找出了一座发射台、许多发射弹道导弹的建筑物还有一枚中程弹道导弹。约翰·肯尼迪总统对赫鲁晓夫欺骗他的行为非常恼怒，认识到这件事关系重大。他没想到苏联人在古巴会采取行动，没想到古巴拥有了军事力量。肯尼迪要让苏联明白美国不惜一战的决心。10 月 22 日，肯尼迪对美国与全世界发表广播讲话，通告了苏联在古巴部署核导弹的事实，宣布封锁古巴，要求苏联撤走部署在古巴的进攻性武器。美国地面、空中以及两栖作战部队马上开始集中，又调集出兵古巴所需要的军需物资，开始实施保护美国免遭核袭击的种种预防措施。美国总统下令，载有核弹头的美国轰炸机进入古巴周围的上空。赫鲁晓夫吃了一惊，才意识到他小看了美国的情报系统与肯尼迪政府的强硬态度，于是赶紧下令加快向古巴运送导弹和苏式轰炸机的速度。

　　从 10 月 23 日到 27 日，核战争的阴影笼罩在整个加勒比海上空，整个世界危在旦夕。10 月 23 日，苏联按苏古协议继续使用武器"援助"古巴，"坚决拒绝"美国的拦截，对美国的威胁"将进行最激烈的回击"。10 月 24 日，在 68 个空军中队以及 8 艘航空母舰护卫

下，由 90 艘军舰组成的美国庞大舰队出发了。美舰由佛罗里达到波多黎各布成了一个弧形，封锁了古巴海域。同时，美国导弹部队全都奉命处在"高度戒备"状态。美国集结了第二次世界大战后最庞大的登陆部队准备参战，世界各地的美军基地也同时进入戒备状态，准备打一场全球性的核战争。

赫鲁晓夫意识到，长期容忍无法打破而又日益加强的封锁有害于苏联，封锁拖得越久，苏联的损失便比美国越大。10 月 28 日，莫斯科电台广播了赫鲁晓夫的回信，11 月 11 日，苏联部署在古巴的42 枚导弹全部撤走，肯尼迪还宣布取消对古巴的海上封锁。这时，苏联政府下令苏联武装力量解除最高战备状态，这场严重的古巴导弹危机结束了。

越南战争

越南战争是越南一次具有非常重要的意义的战争，它发生在南越政府和北越政府之间，越南战争的结束标志着越南的最后统一。

北越 325 师开入南越领土集结，标志着北越正规军向南越的公开进攻。1965 年 2 月，美军在 Pleiku 的基地受到攻击，美国空军随后发起第一次报复性打击，3 月 8 日，3500 名美国海军陆战队员在岘港登陆。7 月 24 日，一架 F—4C 被射下后，约翰逊总统将在越美军提升到 12.5 万人，第二天，101 空降师的 4000 人员进入越南。11月 27 日，五角大楼要求提升美军数目到 40 万人以好执行计划中的大规模扫荡行动，在年底，美军在越数目已高达 18.4 万人。在 1966年 8 月，就有多达 42.9 万美军士兵驻扎在越南。

在 1965 年 8 月 18 日，美国海军陆战队的 5500 名士兵发起了战争中的第一场大规模陆战，美军成功摧毁了越共在 Van Tuong 的基地。同年 11 月 14 日，美国第一骑兵师第七骑兵团的 3 个营与北越第六十六团在德浪河谷相遇，爆发了美军和北越间的第一场大规模战斗，结果胜负难分，以平手收场。

空中作战也同样大规模地提升，约翰逊批准了轰雷行动（滚雷行动），对北越进行大规模轰炸。北越武装司令武元甲依然将他手下的部队派到南方，整团的北越正规军分散开进胡志明小道，顶着空袭，进入南方集结。

在地面上，美军驻越最高司令官威斯特摩兰将军发起了一系列"搜寻并摧毁"的行动。北越军队就执行武元甲的消耗战略，坚信消耗战最终会迫使美国人撤出越南。美军投入大量部队进入溪山基地，并开始启用庞大的空中火力，北越军队在攻势被击退三次后，决定开始撤离战区。1968 年 1 月底，北越发起了规模空前的春节攻势，超过 8 万北越军队与越共游击队对南越几乎所有的大小城市发动了进攻。北越部队在受到美军的打击下，大部分的攻势都被击溃。越南的传统首都顺化激战持续一个月，美军溪山基地被围困 76 天，北越部队也受到约 3 万余人阵亡、4 万人负伤的沉重打击，到了 5 月，他们才恢复了进攻能力。1968 年 6 月，阿布拉姆斯将军指挥美军。

小规模的反战运动 1964 年在美国的大学校园开始，1970 年 5 月，为了抗议美国侵占柬埔寨，美国第一次全国学生总罢课爆发，10 多万学生涌到华盛顿进行抗议。1977 年 1 月 21 日，美国总统詹姆斯·厄尔·卡特赦免了越战中的逃避服兵役者。1969 年，尼克松总统让美军逐步撤出越南，还在当年 6 月撤出 25000 名美军。1969

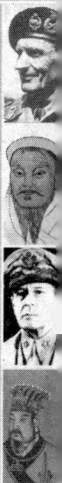

年 3 月，美军开始炸毁柬埔寨境内的北越军事基地，5 月，汉堡高地战役爆发。1970 年 3 月 18 日，柬埔寨亲美的朗诺将军发起政变，推翻了西哈努克亲王的政权，5 月，美军进入柬埔寨。

1972 年 3 月，武元甲动用了全部北越军事力量，发起了"复活节攻势"。但是由于美国 B—52 战略轰炸机向北越进行全面轰炸，北越的复活节攻势以失败告终。1973 年 1 月 27 日，参加"关于越南问题的巴黎会议"四方在巴黎正式签定了《关于在越南结束战争、恢复和平的协定》，随后两个月内，美军全部撤离越南。

虽然美军撤离越南，但北越与南越之间的战争还没结束。1974 年，游击战还在进行，北越控制了南方乡村，并在 1975 年 1 月发动了最后的决定性攻势。4 月，北越发起春禄战役与胡志明战役。1975 年 4 月 29 日到 4 月 30 日，西贡陷落，北越攻占了美国驻西贡大使馆与南越总统府，南越政权覆灭。同年，柬埔寨与老挝的共产党也先后夺取了政权，越南战争以共产主义的全面胜利告终，南越南共和国建立。1976 年 1 月 2 日，越南全境统一。

海湾战争

海湾战争是因为伊拉克对科威特的入侵而引发的。由于种种原因，伊、科两国围绕主权与边界问题一直存有争端，80 年代末，伊、科争端再次突出起来。1990 年 7 月中旬，因为石油政策、领土纠纷和债务等问题，伊拉克和科威特与阿拉伯联合酋长国之间的争端公开化。1990 年 7 月，伊拉克在向科威特提出一系列要求受到拒绝后，下定了以武力吞并科威特的决心。

1990 年 8 月 2 日 1 时，伊拉克共和国卫队 3 个师越过伊科边界，

向科威特发动突然进攻，此时，一支特种作战部队在海上向科威特市进行直升机突击。科威特埃米尔贾比尔·萨巴赫仓促中携部分王室成员逃至附近美国军舰上，埃米尔的胞弟法赫德亲王在保卫王宫的战斗中阵亡。上午9时，伊军控制科威特市，到下午4时，伊军已经攻占了科威特全境，并把科威特划归为其第十九个省。

伊拉克入侵科威特事件引起了全世界的极大震惊，联合国先后多次通过反对伊拉克入侵科威特并对伊实施制裁的决议，但是却遭到美国等西方国家的强烈反对。8月2日和3日，美军中央总部拟定了"沙漠盾牌"行动计划，布什总统同意了该计划。而后美军又拟定了代号为"沙漠风暴"的军事打击行动计划，也得到美国国防部长切尼与参谋长联席会议主席鲍威尔等的批准。

11月29日，联合国安理会通过第678号决议，规定1991年1月15日为伊拉克撤军的最后期限。1991年1月9日，美国国务卿贝克与伊拉克外长阿齐兹在日内瓦举行战前最后一次会晤，但是会谈没有取得结果。1月16日，布什总统命令美军对伊拉克开战。

1月17日凌晨，美军的空袭行动开始进行。在陆军方面，美中央总部还制定了"沙漠军刀"计划，由5个军队集团进行地面作战任务。分别为：美第十八空降军在整个战线西部进行进攻，负责切断科战区伊军与后方的联系；美第七军在战线中段担负主攻任务，重点消灭伊拉克共和国卫队；在第七军右翼，依次有北线联合部队、美军中央总部海军陆战队以及东线联合部队，他们要包围科威特后方和科威特市内的伊军部队，牵制伊军战术与战役部队，其中北线与东线联合部队的阿拉伯部队要负责解放科威特市。

1991年2月24日，多国部队向伊军发动了大规模诸军兵种联合

进攻，把海湾战争推向了最后阶段。随后，东西两面开始行动，先向北，随后向东，消灭伊军主力部队。伊军顽强抵抗，后逐渐向北与西方向撤退，还点燃了科威特油田的大量油井。28 日晨，科威特城已全部被阿拉伯部队控制，多国部队也大多实现了各自任务。

暂时停火以后，伊拉克表示接受美国提出的停火条件与愿意履行联合国安理会历次通过的有关各项决议。在此基础上，联合国安理会在 4 月 3 日通过了海湾正式停火决议。

海湾战争至此宣告结束。海湾战争作为世界两极体系瓦解、冷战结束后的第一场大规模局部战争，它深刻地反映了世界在向新格局过渡时各种矛盾的变化，它是这些矛盾局部激化的结果。另外它是战争的一次革命性变化，即由科学技术的发展所引起。

科索沃战争

科索沃战争是因为科索沃危机而爆发的，而科索沃危机的根源是南斯拉夫社会主义联邦共和国的解体。

作为东欧剧变的组成部分，1945 年成立的南斯拉夫联邦于 1991 年迅速解体。先后有斯洛文尼亚、克罗地亚、波斯尼亚、黑塞哥维那、马其顿等宣告独立。1992 年 4 月 27 日，塞尔维亚与黑山两个共和国宣布联合组成"南斯拉夫联盟共和国"。这样，原南斯拉夫联邦已经分裂成几个各自独立的国家。

1999 年 3 月 19 日，北约向南联盟发出最后通牒，3 月 24 日，北约发动了对南联盟的空中打击，科索沃战争爆发。

科索沃战争主要用大规模空袭为作战方式。北约凭借占绝对优势的空中力量以及高技术武器，对南联盟的军事目标与基础设施进

行了连续 78 天的轰炸，给南联盟造成了重大财产损失以及环境破坏，还造成了许多无辜平民的伤亡。

从空中力量看，北约在空袭一开始便集中了 460 架先进作战飞机攻击南联盟空军的 170 架老旧作战飞机，后来又增加到 1200 架。美国空军中最先进的 B—2 隐形战略轰炸机、B—1B 远程战略轰炸机和 F—117 隐形战斗轰炸机全部投入战场，尤其是价值 22 亿美元的 B—2 隐形轰炸机首次投入实战。北约多次增调 EA—6B 电子干扰收音机与装有能发射"哈姆"反辐射导弹的收音机，目的是夺取制信息权。北约 19 个国家中有 13 个国家直接参加了向南联盟的空中打击，投入飞机 1200 架，出动 32000 多架次，炸毁铁路 12 条、桥梁50 多座、民用机场 5 个和大量基础设施，致使 80 多万难民流离失所。

南斯拉夫在武器装备处在劣势的情况下，还能利用灵活机动的战略战术，和敌人进行了卓有成效的对抗，还击落了 F—117 隐形战斗机。但南联盟还是在军事上最后失利。

科索沃战争首先是由科索沃的民族矛盾引起的，它是发生在 20 世纪末的一场重要的高技术局部战争，是美国为了独霸全球、利用北约这个地区组织对南斯拉夫联盟进行的一场非正义、反人道的战争。这次战争具有很深远的意义，它表明了世界多极化和单极化的斗争已经从幕后走到前台。美国建立单极格局的野心也很明显，因此反对霸权主义和强权政治成为维护世界和平与发展最主要的任务。

伊拉克战争

伊拉克战争又称美伊战争，是美国因伊拉克拥有大规模杀伤性

武器而发动的全面战争，共有 4 国参与作战。2003 年 3 月 20 日，以美国与英国为主的联合部队正式宣布对伊拉克开战，此外澳大利亚与波兰的军队也参加了此次联合军事行动。

联合部队有 12 万人的美军部队、4.5 万人的英军部队和 2000 多人的澳大利亚军队以及 200 人的波兰军队，还有大约 5 万人的伊拉克反叛军。他们是通过驻扎在科威特的美军基地正式向伊发动军事打击的，并得到了海湾地区大量的空基与海基航空兵的支援。

美国第三步兵师由科威特西北方向的沙漠往巴格达挺进，和他们作战的还有美国 101 空中突击师与 82 空降师的若干部队。在伊拉克东南部方向，美国海军陆战队第一远征部队与英国远征军就发动了钳形攻势以打开伊拉克的海运通道。在战争进行了两周后，美军还在伊拉克北部山区投入了 173 空降旅和特种部队，并与当地的库尔德武装力量结成同盟。

经过两个星期的激战，英军首先占领了伊拉克南部的石油重镇、伊拉克第二大城市巴士拉。在伊拉克全境还出现了断水与停电等人道主义危机。国际多个人道组织对伊拉克运输救援物资，这些援助物资大多都由联军所控制的乌姆盖茨尔港送入伊拉克，还有部分就由科威特送入伊拉克。

战争爆发大概 3 个星期后，美军顺利到达巴格达市区，途中并没有受到任何顽强抵抗。伊拉克官员就突然消失，去向不明，大批伊拉克军队向美军投降。这以后巴格达与巴斯拉等伊拉克城市纷纷陷入无政府状态，巴格达市内发生频繁的抢掠事件，城市秩序陷入混乱之中，巴格达博物馆受到洗劫，上万件珍贵文物失踪，各地的大量古遗迹在战争中受到破坏。

伊拉克战争结束以后，美国虽然已经实现"倒萨控伊"的目标，但是美国政府很快发现，他们有可能被拖入了一场旷日持久的游击战中。从布什总统宣布在伊拉克的大规模军事行动结束到现在，伊拉克的局势越发混乱不堪，似乎很难得到稳定。越来越复杂的战争形势和巨额的军费开支，让美国政府渐渐感到力不从心，也使全球经济蒙上了一层不确定的阴影。

这场战役从军事的角度上看，美国确实胜了，但是从经济上来看，由于经济全球化的发展，这次的伊拉克战争给美国带来的经济负面影响也越来越显现出来。

军事武器篇

轰炸机

轰炸机，顾名思义，是指对地面、水面目标实行轰炸的飞机。它具有突击力强、航程远和载弹量大等特点，是航空兵实施空中突击的主要机种。

轰炸机可以根据不同的分类方式分为很多种：按执行任务范围分为战略轰炸机与战术轰炸机；按载弹量分为重型（10吨以上）、中型（5—10吨）与轻型（3—5吨）轰炸机；按航程分为近程（3000千米以下）、中程（3000—8000千米）以及远程（8000千米以上）轰炸机，中、近程轰炸机一般装有4—8台发动机。机上武器系统包括机载武器如各种炸弹、航弹、空地导弹、巡航导弹、鱼雷、航空机关炮等，同时机上的火控系统要能保证轰炸机具有全天候轰炸能力与很高的命中精度。轰炸机的电子设备有自动驾驶仪、地形跟踪雷达、领航设备、电子干扰系统与全向警戒雷达等，用来保障其远程飞行与低空突防。

现代轰炸机还安装受油设备，可在空中加油。它的种类有喷气式轰炸机、超音速轰炸机、"隐身"轰炸机和战斗轰炸机。

水上飞机

水上飞机即可以在水面上起飞、降落以及停泊的飞机。水上飞机主要用在海上巡逻、反潜、救援以及体育运动，可以分为船身式和浮筒式两种。

水上飞机在各个方面都有着很重要的作用，在军事上可以用来进行侦察、反潜以及救援活动；在民用方面，可用于运输和森林消

防等。水上飞机的主要优点是可在水域辽阔的江、河、湖、海水面上使用，安全性好，地面辅助设施较经济，飞机吨位不受限制；它的缺点是受船体形状限制不适于高速飞行，机身结构重量大，抗浪性要求高，维修不便，再加上制造的成本高。

当水上飞机停泊于水上时，宽大船体产生的浮力就能使飞机浮在水面上并且不会下沉。如果需要起飞，螺旋桨发动机产生的拉力，就能拖着它以相当快的速度在水面上滑跑。当滑跑的速度不断增加时，机翼上产生的升力慢慢克服了飞机的重力，因而把飞机从水面上逐渐托起来，成为在空中飞行的航船。而当它完成空中任务之后，自然也要重返至水面，从而成为一只可以在水上滑跑的航船。也正是由于水上飞机的这一特点，人们又把它叫做水上飞船或者飞机巡洋舰。

歼击机

歼击机是用在空中消灭敌机以及其他飞航式空袭兵器的军用飞机，又叫战斗机，它在第二次世界大战前叫驱逐机。歼击机的主要目的是和敌方歼击机进行空战，夺取空中优势，同时还兼有拦截敌方轰炸机、强击机与巡航导弹的功能，有时还会携带一定数量的对地攻击武器，执行对地攻击任务。

歼击机还有要地防空用的歼击机，具有火力强、速度快以及机动性好等特点，是航空兵空中作战的主要机种，也可用在执行对地攻击任务中。在其上多装有20毫米以上的航空机关炮，还能携带多枚雷达制导的中距拦射导弹以及红外线制导的近距格斗导弹与炸弹，或命中率很高的激光制导炸弹，以及其他对地面目标攻击武器。歼

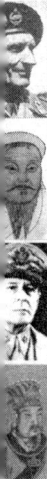

击机最大飞行时速有 3000 千米,最大飞行高度有 20 千米,最大航程不带副油箱有 2000 千米,带油箱时可有 5000 千米。另外,机上还装有先进的电子对抗设备。

中国的歼击机有歼 5、歼 6、歼 7、歼 8、歼 9、歼 10、歼 12、歼 13、歼 14。

武装直升机

武装直升机即装有武器、为执行作战任务而制造的直升机。第一架直升机是一位美籍俄国人西科斯基研制的 VS—300,它在 1939 年 9 月 14 日试飞成功。西科斯基是个传奇式的人物,他曾在 1914 年研制成当时世界上最大的轰炸机。

到 40 年代,武器开始加装在直升机上,1942 年,德国在 Fa—223 运输直升机安装了一挺机枪。50 年代,美、苏、法等国都分别在直升机安装武器。在直升机上加装武器开始主要用来自卫,后来逐渐发展,也执行轰炸、扫射等任务。60 年代初,美国在越南战争中大量使用直升机,战争中,直升机损失惨重,于是决定研制专用武装直升机。第一种专门设计的武装直升机是美国的 AH—IG,1967 年开始装备部队,并用在越南战场。

目前,武装直升机有专用型和多用型两大类。专用型机身窄长,作战能力较强;多用型除可用于执行攻击任务外,还能用于运输、机降等任务。美国的 AH—1 就是专用型,而原苏联的米—24 是多用型。

武装直升机有很多优点:可以携带多种武器,攻击多种目标;载弹量大,攻击火力强;不受地形限制,机动性好;隐蔽性好,突

袭性强；视野开阔，具有良好的侦察能力；反应迅速；便于和诸军、兵种密切协同作战。

目前它主要被用于反坦克及装甲目标；近距离火力支援；为运输以及战勤直升机实施安全护卫；争夺超低空制空权；攻击海上目标等。

侦察机

侦察机是军用飞机，专门用来从空中获取情报，是现代战争中的主要侦察工具之一。按实行任务范围，它可以分为战略侦察机和战术侦察机两种。战略侦察机一般具有航程远与高空、高速飞行性能，用来获取战略情报，多是专门设计的。而战术侦察机具有低空和高速飞行性能，用来获取战役战术情报，通常是由歼击机改装而成。

侦察机通常不携带武器，主要依靠其高速性能与加装电子对抗装备来提高其生存能力。一般装有航空照相机、前视或侧视雷达与电视、红外线侦察设备，有的还安有实时情报处理设备与传递装置。侦察设备装在机舱内与外挂的吊舱内。

侦察机的方式可以分为目视侦察、成相侦察与电子侦察。其中成相侦察是侦察机进行侦察的重要方法，它有可见光照相、红外照相和成相、雷达成相、微波成相、电视成相等。

战斗轰炸机

战斗轰炸机又叫歼击轰炸机，是一种特殊机种，是集高空歼击和地面攻击支援于一体，以攻击战役战术纵深内的地面、水面目标为主，投掷外挂载荷后也能空战的军用飞机。它具有高空高速和低

空稳定性好、较好的突防能力与转弯半径小等特点。

战斗轰炸机能在对方防空武器射程外进行精确打击，另外机翼和机腹有多种武器外挂点，适合挂载空战格斗导弹、对舰攻击导弹和普通对地航弹。现代的战斗轰炸机利用先进的机载探测设备与机载武器能在防空武器射程外对目标进行精确打击。但是它采用这种远距攻击方式实施攻击的目标往往都是一些相对固定的面状目标，这是由战斗轰炸机的设计特点决定的。不过因为要兼顾空战与对地攻击，就势必要牺牲部分低空、低速性能，并且在机载设备、武器系统的配置上也不像其他战机那么专业化。

战略轰炸机

战略轰炸机是用于执行战略任务的中和远程轰炸机，它构成了战略核力量的重要组成部分，是大量核武器的主要运载工具之一。它既能带核弹，还能带常规炸弹；既能近距离投放核炸弹，又能远距离发射巡航导弹；既能做战略进攻武器使用，在必要时也实行战术轰炸任务，支援陆军和海军作战。

真正开始用飞机专门轰炸特定目标的是德国人，1917年德国对伦敦和英格兰南部的持续轰炸，开创了一个残酷杀伤平民百姓的先例，并引起英国后来的报复。它从此也就有了"战略轰炸机"的称谓。

战略轰炸机有核突防轰炸机、巡航导弹载机以及常规轰炸机。

目前世界各国战略轰炸机的发展趋势是：

1. 用先进的空射巡航导弹和有关的电子设备改装现役飞机，使其服役期延长。

2. 继续研制先进的轰炸机。

3. 战略轰炸机向隐形化方向发展。

空中加油机

空中加油机是指给飞行中的飞机或直升机补加燃料的飞机，多是由大型运输机或战略轰炸机改装而成。其作用能使受油机增大航程，延长续航时间，增加有效载重，提高航空兵的作战能力。空中加油机的加油设备大都安在机身尾部，少数装在机翼下面的吊舱内，由飞行员以及加油员操纵。加油设备主要有插头锥套式与伸缩管式2种。

世界上第一架空中加油机是 1923 年在美国诞生的。1923 年 8 月 27 日，在美国加利福尼亚州的圣地亚哥湾上空，两架飞机在编队飞行，从在前上方飞行的飞机上垂下一根 10 多米长的软管，后面飞机的后座飞行员站起身来用手捉住飘曳不定的软管，把它接在自己收音机扔油箱上。在前后总共 37 小时的飞行中，两架飞机互相共加注了 678 加仑汽油和润滑油。这是航空史上第一次空中加油试验，因此存在着一定的不足，首先整个加油过程全由人力操作，而且加油机又比受油机要高很多，靠高度差加油。这种加油方式很难实际应用。直到 40 年代中期，英国研制出插头锥套式加油设备，1949 年美国研制出伸缩管式加油设备，这才使空中加油进入了实用阶段。

空中加油机今后发展的重点，主要有克服机翼振动、阵风与空气涡流对输油管稳定性的影响；改装成拥有两种加油设备的飞机；完善电传加油操纵系统。

强击机

强击机又叫攻击机，以前称冲击机，是用来直接支援地面部队

作战，摧毁敌方战役战术纵深内的防御工事、坦克、地面雷达、炮兵阵地、前线机场以及交通枢纽等重要军事目标的飞机。

强击机具有良好的低空操纵性、安定性与良好的搜索地面小目标能力，可配备品种较多的向地攻击武器。为提高生存力，一般在其要害部位有装甲防护。

强击机的特点主要有以下几个方面：良好的低空与超低空稳定性以及操纵性；良好的下视界，便于搜索地面小型隐蔽目标；有威力强大的对地攻击武器，除机炮与炸弹外，还有制导炸弹、反坦克集束炸弹以及空地导弹等；飞机要害部位都有装甲保护，以提高飞机在地面炮火攻击下的生存力；起飞着陆性能优良，可以在靠近前线的简易机场起降，以便扩大飞机支援作战的范围。

舰艇

舰艇，俗称军舰，是海军的主要装备。狭义上讲，它是在海洋进行战斗活动和勤务保障的海军船只。广义上讲，它也包括其他军用船艇。

舰艇主要用来海上机动作战，进行战略核突袭，保护己方与破坏敌方的海上交通线，进行封锁与反封锁，参加登陆与抗登陆作战，担负海上补给、运输、修理、救生、医疗、侦察、调查、测量、工程以及试验等保障勤务。

根据作战使命的不同，舰艇通常可以分为战斗舰艇、登陆作战舰艇与勤务舰船三类，也有的把它分为战斗舰艇、登陆作战舰艇、水雷战舰艇以及勤务舰船四类。在同一舰种中，按其排水量、武器装备以及战术技术性能的不同，又有不同的舰级与舰型，有的只区

分为不同的舰型。

需要了解的是，舰艇被视为国家领土的一部分，只遵守本国的法律与公认的国际法。

潜艇

潜艇是一种可以潜入水下活动与作战的舰艇，又称潜水艇，是海军的主要舰种之一。潜艇在战斗中的主要作用有：对陆上战略目标进行核袭击，摧毁敌方军事、政治和经济中心；消灭运输舰船、打击敌方海上交通线；攻击大中型水面舰艇以及潜艇；执行布雷、侦察、救援与遣送特种人员登陆等。

潜艇按不同的分类方式可以分为不同的种类：按作战使命分有攻击潜艇和战略导弹潜艇；按动力分有常规动力潜艇和核潜艇；按排水量分，常规动力潜艇有大型潜艇、中型潜艇、小型潜艇与袖珍潜艇，核动力潜艇一般在 3000 吨以上；按艇体结构分有双壳潜艇、个半壳潜艇与单壳潜艇。

潜艇之所以能够发展到今天，是由于它具有以下特点：能利用水层掩护实施隐蔽活动与对敌方实施突然袭击；有较大的自给力、续航力以及作战半径，可远离基地，在较长时间与较大海洋区域以至深入敌方海区独立作战，有较强的突击威力；能在水下发射导弹、鱼雷与布设水雷，攻击海上与陆上目标。鉴于潜艇可以水下活动的特点，它在军事上具有很重要的意义。

核潜艇

核潜艇是潜艇中的一种类型，它用核反应堆为动力。由于这种

潜艇的生产和操作成本，加上相关设备的体积和重量，只有军用潜艇采用这种动力来源。核动力潜艇水下续航能力有 20 万海里，自持力有 60—90 天。核潜艇能装备带核弹头的弹道导弹与巡航导弹。

核潜艇是国家潜艇中的战略力量，弹道导弹核潜艇为目前军事理念中军事核能"三位一体"中海基核力量的主要实现方式。核动力潜艇一般有两种：攻击型核潜艇和导弹核潜艇。另外，按武器装备能分为鱼雷核潜艇与导弹核潜艇。按照不同潜艇作战任务的不同，有弹道导弹核潜艇（SSBN）、攻击型核潜艇（SSN）、巡航导弹核潜艇（SSGN）。

驱逐舰

驱逐舰是一种用途广泛的军舰，从 19 世纪 90 年代到现在，一直是海军重要的舰种之一，它是用导弹、鱼雷、舰炮等作为主要武器，具备多种作战能力的中型军舰。它也是海军舰队中突击力较强的舰种之一，用在攻击潜艇与水面舰船、舰队防空、护航、侦察巡逻警戒、布雷以及袭击岸上目标等。在现代海军舰艇中，它是用途最广泛、数量最多的舰艇。

驱逐舰是一种装备有对空、对海、对潜等多种武器，具备多种作战能力的中型水面舰艇。它的排水量有 2000—9000 吨，航速有 30—38 节左右。驱逐舰可以执行防空、反潜、反舰、对地攻击、护航、侦察、巡逻、警戒、布雷、火力支援和攻击岸上目标等作战任务，具有"海上多面手"的称号。

航空母舰

航空母舰，简称"航母"或者"空母"，苏联称它为"载机巡

洋舰"，是一种能提供军用飞机起飞与降落的军舰。它是以舰载机为主要作战武器的大型水面舰艇，其最大缺点是易受到超低空掠海武器的毁灭性打击。现代航空母舰和舰载机已成为高技术密集的军事系统工程。

航空母舰通常是一支航空母舰舰队中的核心舰船，而舰队中的其他船只则为它提供保护与供给。一般航母舰队会配备1—2艘潜艇，包括护卫舰、驱逐舰和补给舰。驱逐舰与航母上搭载反潜直升机、预警机和电子侦察机等。依靠航空母舰舰队，一个国家能在远离其国土的地方、不依靠当地机场的情况下施加军事压力与进行作战。

航空母舰根据不同的用途可以分为攻击航空母舰、反潜航空母舰、护航航空母舰与多用途航空母舰五种。

导弹

导弹的全称为"导向性飞弹"，是一种依靠制导系统来控制飞行轨迹的，能指定攻击目标、还能追踪目标动向的无人驾驶武器。导弹的任务是把战斗部装药在打击目标附近引爆并毁伤目标，以及在没有战斗部的情况下依靠自身动能直接撞击目标以实现毁伤效果。

导弹一般由战斗部、弹体结构系统、动力装置推进系统以及制导系统等4部分构成。它的种类有弹道导弹、巡航导弹、精确制导武器3种。

弹道导弹是指在火箭发动机推力作用下按预定程序飞行，关机后按自由抛物体轨迹飞行的导弹。这种导弹的整个弹道分为主动段和被动段两部分。主动段弹道是从发射点起到火箭发动机关机时的飞行轨迹；被动段弹道是导弹从火箭发动机关机点到弹头爆炸点，

按照在主动段终点获得的给定速度和弹道倾角作惯性飞行的轨迹。

巡航导弹也称飞航式导弹，是指导弹的大部分航迹处于巡航状态，用气动升力支撑其重量，靠发动机推动力克服前进阻力在大气层内飞行的导弹。它具有突防能力强、机动性能好、命中精度高、摧毁力强等优点。

精确制导武器这一术语起源于 20 世纪 70 年代中期，美国在越南战争中大量使用了精确制导炸弹。由于它具有精确的制导装置，在战场上取得了惊人的作战效果，因而引起人们的极大注意。中国对精确制导武器的定义是：采用精确制导技术，直接命中概率在 50% 以上的武器。它主要包括精确制导导弹、制导炮弹、制导地雷等。

战略导弹

战略导弹是指用来打击战略目标的导弹，它是战略武器的主要组成部分。战略导弹一般携带核弹头，战略弹道导弹射程通常有 1000 千米以上，以打击政治与经济中心、军事与工业基地、核武器库以及交通枢纽等为目标，还能拦截来袭战略弹道导弹。战略核导弹是衡量一个国家战略核力量与军事科学技术综合发展能力的主要标志之一。

战略导弹按发射点和目标位置分有地地战略导弹、潜地战略导弹以及空地战略导弹等；按用途分有进攻性战略导弹、防御性战略导弹；按飞行方式分有战略弹道导弹与战略巡航导弹；按射程分有中程导弹、远程导弹以及洲际导弹。

世界上通常把射程 1500 千米以内的导弹称作近程导弹；射程 1500—3000 千米的称作中程导弹；射程 3000 到 8000 千米的称作远

程导弹；8000 千米以上的称作洲际导弹。

战略导弹的构造主要有弹体、动力装置、制导系统和弹头等部分。

地空导弹

地空导弹是指由陆地上发射，用以拦截飞机、导弹等空中目标的导弹武器。它的作战火力单元通常由导弹、发射装置、搜索探测设备、制导设备、指挥控制设备与技术保障设备等组成。

地空导弹系统的具体组成与构造差别很大，简单的可让单兵携带，有的可装在一辆单车上，复杂的至少需要几辆、甚至十几以及几十辆车装载。导弹是整个地空导弹武器系统的核心，一般由弹体、弹上制导装备、战斗部以及动力装置等组成。

地空导弹种类繁多，各国分类方法与标准也不尽相同，按射程分有远程、中程、近程以及短程；按射高有高空、中空、低空以及超低空四类；按地面机动性有固定、半固定以及机动式三种，其中机动式又有自行式、牵引式以及便携式地空导弹等。

世界上最早的地空导弹，是德国在第二次大战后期研制的"莱茵女儿"、"龙胆草"、"蝴蝶"、"瀑布"等导弹，但都没有投入使用。战后，美、苏、英等国在德国技术成果的基础上，在 50 年代后研制出第一代实用地空导弹。

巡航导弹

巡航导弹也是导弹的一种，主要是以巡航状态在稠密大气层内飞行的导弹，以前叫飞航式导弹。巡航状态指导弹在火箭助推器加

速后，主发动机的推力和阻力平衡，弹翼的升力和重力平衡，以近于恒速、等高度飞行的状态。在这种状态下，单位航程的耗油量最少，其飞行弹道一般由起飞爬升段、巡航段以及俯冲段组成，主要依靠喷气发动机的推力与弹翼的气动升力。

巡航导弹按作战使用有战略巡航导弹与战术巡航导弹；按平台不同有陆基车载、机载、舰载巡航导弹；按射程有近、中、远程；按飞行速度有亚音速、超音速、高超音速（在研）；按 RCS 分为隐形和非隐形。巡航导弹主要由弹体、推进系统、制导系统以及战斗部组成。

弹体外型和飞机相似，有壳体、弹翼与稳定面、操纵面等，通常用铝合金或复合材料制成。弹翼有主翼与尾翼，有固定式与折叠式两种。为使导弹便于贮存与发射，采用折叠式弹翼，也就是在导弹发射前呈折叠与收入状态，发射后，主翼与尾翼相继展开。

推进系统有助推器与主发动机。助推器一般采用固体和液体火箭发动机，主发动机一般采用涡轮喷气发动机、小型涡轮风扇发动机，也有采用冲压喷气发动机的。战略巡航导弹多采用推重比与比冲高的小型涡轮风扇发动机，而战术巡航导弹多采用涡轮喷气发动机与冲压喷气发动机。

制导系统常采用惯性、星光、遥控、寻的和图像匹配等制导方式，并多用其中两种或两种以上方式组成复合制导。攻击固定目标的巡航导弹一般采用惯性——地形匹配制导。攻击活动目标的巡航导弹多采用惯性——寻的制导。

战斗部有常规战斗部，还有核战斗部，一般安装在导弹的前段与中段。战略巡航导弹多携带威力大的核战斗部，而战术巡航导弹多携带常规战斗部，还能携带核战斗部。

著名的巡航导弹有美国战斧式巡航导弹（BGM—109）、美国AGM—86C空射巡航导弹、中国红鸟巡航导弹、俄罗斯萨姆（AS—15）空射对地巡航导弹以及俄罗斯布拉莫斯空射巡航导弹。

洲际弹道导弹

洲际弹道导弹是一种没人驾驶的无翼飞行器，它能随一定的空间轨迹飞行，攻击固定的目标。它是弹道导弹中的一种，按照射程远近，弹道导弹有近程、中程、远程以及洲际四种。洲际弹道导弹的射程有8000千米以上。按照发射位置的不同，包括地对地弹道导弹与潜对地弹道导弹两种。所谓潜对地，也就是有导弹核潜艇上对准目标发射。

洲际导弹点火后，首先垂直往上飞行，几秒或者十几秒后，导弹进入安全预定高度，开始调节弹道曲线，往指定目标飞行。当导弹的位置与速度符合预先设定的曲线以后，发动机熄火。这时，导弹的弹头和弹体分开，依靠惯性飞向目标。他的内在结构有战斗部（Warhead），发动机（Engine），推进剂（Propellant），制导系统（Guidance system）。

著名的洲际弹道导弹有东风31洲际弹道导弹（DF—31）、东风41洲际弹道导弹（DF—41）、俄制SS—18洲际弹道导弹、三叉戟 II（D5）潜射洲际弹道导弹、三叉戟 I（C4）潜射洲际弹道导弹、美国"大力神"洲际弹道导弹和美国"民兵"洲际弹道导弹。

激光武器

激光武器是一种定向能武器，它是运用沿着一定方向发射的激

光束来攻击目标的，拥有快速、灵活、精确与抗电磁干扰等优异性能。激光武器在光电对抗、防空以及战略防御中发挥着重要作用，它包括战术激光武器与战略激光武器两种。

战术激光武器的突出优点在于反应时间短，能拦击突然发现的低空目标。激光武器的缺点在于不能全天候作战，容易受到大雾、大雪、大雨的影响，而且激光发射系统是精密光学系统，在战场上的生存能力还有待考验。

但是激光武器的速度很快，它能用光速飞行，每秒30万千米，任何武器都没有这样快的速度。另外，它能在极小的面积上、在极短的时间里集中超过核武器100万倍的能量，还可以很灵活地改变方向，没有任何发射性污染。

激光武器有三类：致盲型、近距离战术型和远距离战略型，激光击毁目标方法是穿孔和层裂。

反卫星武器

一般来说，反卫星武器包括共轨式、直接上升式、定向能式以及电磁干扰式4种类型。第一种是射到目标卫星的轨道，对目标实行追踪，然后利用动能以及核爆炸把目标摧毁；第二种不进入目标卫星的轨道，而只是在目标卫星经过上空时，对目标实行瞄准攻击；第三种有激光器以及大功率微波束等，能够把卫星彻底摧毁以及通过辐射目标的敏感电子元件使它失效；最后一种能让卫星与地面站之间无法进行通信。

从另一个角度看，反卫星武器又可以分为"反卫星卫星"与"反卫星导弹"两种。"反卫星卫星"是具有轨道推进器跟踪和识别

装置以及杀伤战斗部的卫星，可以接近和识别敌方的间谍卫星，还可以通过自身的爆炸产生大量碎片将敌方破坏击毁。

氢弹

氢弹是一种运用原子弹爆炸的能量点燃氢的同位素氘等轻原子核的聚变反应，瞬时释放出巨大能量的核武器。它又被称为聚变弹、热核弹或者热核武器。氢弹的杀伤破坏因素和原子弹相同，但威力要比原子弹大得多。原子弹的威力通常是几百到几万吨级梯恩梯（TNT）当量，氢弹的威力就能大到几千万吨级 TNT 当量。而且氢弹还可通过设计增强或者减弱它的某些杀伤破坏因素，它的战术技术性能比原子弹要好，用途也更多。

目前对氢弹的研究和改进主要在提高比威力与使之小型化，提高突防能力、生存能力以及安全性能上，另外还积极研制各种特殊性能的氢弹。

当然，氢弹也存在着缺点：在战术使用上有某种程度上的困难；含有氚的氢弹不能长期贮存，因为这种同位素可以自发进行放射性蜕变；热核武器的载具，和储存这种武器的仓库等，都一定要有相当可靠的防护。

中子弹

中子弹是一种用高能中子辐射作为主要杀伤力的低当量小型氢弹。它的功能主要在于仅杀伤敌方人员，对建筑物与设施破坏很小，也不会造成长期放射性污染。因此，军事家把它叫作战场上的"战神"——一种具有核武器威力而又可用的战术武器。

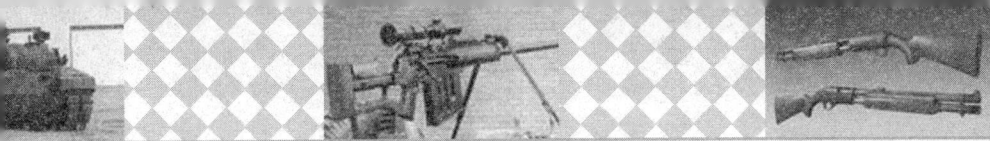

通常氢弹因为加了一层铀—238外壳，氢核聚变时产生的中子被这层外壳大量吸收，产生了大量放射性沾染物。

中子弹又叫"加强辐射弹"，人们把它作为第三代核武器，是一种在氢弹基础上发展起来的、用高能中子辐射作为主要杀伤力、威力是千吨级的小型氢弹。

中子弹的中心是用一个超小型原子弹作为起爆点火，它的周围是中子弹的炸药氘与氚的混合物，外面是用铍与铍合金做的中子反射层与弹壳，此外还带有超小型原子弹点火起爆用的中子源、电子保险控制装置、弹道控制制导仪与弹翼等。

中子弹的特点有爆炸时核辐射效应大、穿透力强，释放的能量不高，冲击波、光辐射、热辐射与放射性污染比一般核武器小。

原子弹

氢弹主要是利用重氢或超重氢等轻原子核的热核反应原理制成的热核武器或者聚变武器，而利用铀—235或钚—239等重原子核的裂变链式反应原理制成的裂变武器，则被称作原子弹。

煤、石油等矿物燃料燃烧时释放的能量，来自碳、氢、氧的化合反应。通常化学炸药如梯恩梯（TNT）爆炸时释放的能量，来自化合物的分解反应。在这些化学反应里，碳、氢、氧、氮等原子核都没有变化，仅有各个原子之间的组合状态有了变化。核反应和化学反应就不一样。在核裂变或核聚变反应里，参加反应的原子核都转变成其他原子核，原子也产生了变化。因此，这类武器被人们称为原子武器。

原子弹的威力通常有几百到几万吨级TNT当量，拥有巨大的杀

伤破坏力。它能用不同的运载工具携载而成为核导弹、核航空炸弹、核地雷以及核炮弹等。

原子弹主要有引爆控制系统、高能炸药、反射层、由核装料组成的核部件、中子源与弹壳等部件。引爆控制系统用于起爆高能炸药；高能炸药用作推动、压缩反射层与核部件的能源；反射层有铍或铀—238；核装料主要有铀—235或钚—239。

火箭

火箭是用热气流高速向后喷出，运用产生的反作用力往前运动的喷气推进装置。它自身携带燃烧剂和氧化剂，不依赖空气中的氧助燃，既能在大气中，也能在外层空间飞行。火箭在飞行过程中随着火箭推进剂的消耗，它的质量不断减小，因此属于变质量飞行体。

现代火箭能用作快速远距离运送工具，用在投送作战用的战斗部，便构成火箭武器。其中能制导的叫导弹，没有制导的叫火箭弹。

火箭用来运载航天器的称航天运载火箭，用来运载军用炸弹的称火箭武器或导弹。航天运载火箭通常有动力系统、控制系统与结构系统等部分，有的还有遥测、安全自毁以及其他附加系统。

火箭技术是一个十分复杂的综合性技术，主要有火箭推进技术、总体设计技术、火箭结构技术、控制和制导技术、计划管理技术、可靠性和质量控制技术以及试验技术，就导弹来说，还有弹头制导和控制、突防、再入防热、核加固以及小型化等弹头技术。

坦克

坦克主要由坦克武器系统、坦克推进系统、坦克防护系统、坦

克通信设备、坦克电气设备以及其他特种设备与装置构成。

现代坦克大多是传统车体和单个旋转炮塔的组合体。按主要部件的安装部位，通常有操纵、战斗、动力—传动以及行动4个部分。

操纵部分通常在坦克前部，里面有操纵机构、检测仪表、驾驶椅等；战斗部分在坦克中部，通常有炮塔、炮塔座圈和其下方的车内空间，里面有坦克武器、火控系统、通信设备、三防装置、灭火抑爆装置与乘员座椅，炮塔上装有高射机枪、抛射式烟幕装置等。动力—传动部分一般在坦克后部，里面有发动机及其辅助系统、传动装置及其控制机构与进排气百叶窗等。行动部分在车体两侧翼板下方，有履带推进装置与悬挂装置等。

生物武器

生物武器即以前的细菌武器，它是生物战剂及其施放装置的总称。以生物战剂杀死有生力量与毁坏植物的武器统称为生物武器，它的杀伤破坏作用靠的是生物战剂。生物武器的施放装置有炮弹、航空炸弹、火箭弹、导弹弹头以及航空布撒器和喷雾器等。

生物武器的特点主要是致命性、传染性强，生物专一性，面积效应大，危害时间长与难以发现等。

生物战剂气溶胶主要是通过呼吸道侵入人体，因此，保护好呼吸道就行。防护的方法主要是带防毒面具和使用防护口罩。为了更好地防止生物武器的危害，人们可以采用的办法有烈火烧煮和药液浸喷。

迫击炮

迫击炮是对步兵来说非常重要的常规武器，从产生以来就一直

是支援和伴随步兵作战的一种兵器。迫击炮是对遮蔽目标进行曲射的一种火炮，多用于步兵营以下分队的压制武器。它的最大本领就是杀伤近距离或在山丘等障碍物后面的敌人，用在摧毁轻型工事和桥梁等，也能用来施放烟幕弹和照明弹。

迫击炮通常有炮身、炮架、座钣和瞄准具4大部分。炮身能根据射程的远近做不同的选择；炮架多是两脚架，能根据目标位置调节高低与方向，携行时可折叠；座钣是承受后坐力的主要部件，同时和两脚架一起共同起到支承迫击炮体的作用；瞄准具多是光学瞄准镜，标有方向分划以及高低分划。

迫击炮的类型有典型迫击炮、中型迫击炮、重型迫击炮、轻型迫击炮、中型迫击炮和重型迫击炮。

霰弹枪

军用霰弹枪又叫战斗霰弹枪，也叫散弹枪，是一种在近距离上用发射霰弹为主，杀伤有生目标的单人滑膛武器。

现代军用霰弹枪外形与内部结构都十分类似于突击步枪，全枪有滑膛枪管、自动机、击发机、弹仓、瞄准装置、枪托以及握把等部分。按装填方式多是半自动霰弹枪与自动霰弹枪，按供弹方式又可以分为泵动弹仓式、转轮式以及弹匣式三种。

军用霰弹枪主要发射集束的球形弹丸，枪管内腔有弹膛、滑膛和喉缩三段，三段用锥度连接。弹膛装有霰弹，滑膛是霰弹弹丸加速运动区段，在离膛口约60毫米区段，沿枪口方向适当缩小直径的部位叫做喉缩。弹丸于此受集束作用飞出枪口，以增加射击密集度以及射程。

典型霰弹枪有意大利 SPAS 15 MIL 战斗霰弹枪、美国 XM1014 自动散弹枪、美国"奥林"（Olin）近战突击武器系统以及美国"汽锤"（Jackhammer）A2 战斗霰弹枪。

狙击步枪

狙击步枪是指在普通步枪中挑选或者专门设计制造，射击精度高、射程远以及可靠性好的专用步枪。它的学名是"高精度战术步枪"。

阻击步枪在军事上主要用来射击对方的重要目标。狙击步枪的结构和普通步枪基本一致，但是也有一定的区别：狙击步枪多装有精确瞄准用的瞄准镜；枪管经过特殊加工，精度十分高；射击时多用半自动方式与手动单发射击。

而狙击步枪的射程通常有 800 米以上，狙击步枪由于其特别高的射击精度，被人叫做"一枪夺命"的武器。

著名狙击步枪有德拉贡诺夫狙击步枪、M21 狙击步枪、M40 狙击步枪、巴雷特 M82A1 以及 FR—F1 狙击步枪。

军事著作篇

《孙子兵法》

《孙子兵法》是由春秋末年的军事家孙武所著，又称为《孙武兵法》、《吴孙子兵法》、《孙子兵书》、《孙武兵书》。通常以为，《孙子兵法》成书在专诸刺吴王僚之后到阖闾三年孙武见吴王之间，也就是前515年到前512年。它不仅是中国古典军事文化遗产中的璀璨瑰宝，而且是中国优秀文化传统的重要组成部分，同时还是世界三大兵书之一。

《孙子兵法》内容博大精深，逻辑缜密严谨，是我国古代流传至今的最早、最完整、最著名的军事著作，在中国军事史上有着重要的地位。它的军事思想对中国历代军事家、政治家以及思想家产生着深远的影响，这本书已经被译成日、英、法、德以及俄等十几种文字，流传于世界各地，享有"兵学圣典"的美称。

《孙子兵法》一共13篇。《计》说的是庙算，就是出兵前在庙堂上比较双方的各种条件，估计战事胜负的可能性，还制订作战计划，这是全书的纲领。《作战》说的是庙算后的战争动员大会。《谋攻》说的是以智谋攻城，也就是不只用武力，还要运用各种手段让守敌投降。《形》和《势》说的是决定战争胜负的两个基本因素："形"说的是具有客观、稳定、易见等性质的因素；"势"说的是主观、易变、带有偶然性的因素。《虚实》说的是怎样通过分散集结、包围迂回，造成预定会战地点上的我强敌弱，最后以多胜少。《军争》说的是怎样"以迂为直"、"以患为利"，夺取会战的先机之利。《九变》说的是将军按照不同情况采用不同的战略战术。《行军》说的是怎样在行军中宿营以及观察敌情。《地形》说的是六种不同的作

战地形和相应的战术要求。《九地》说的是依"主客"形势与深入敌方的程度来划分的九种作战环境和相应的战术要求。《火攻》说的是以火助攻。《用间》说的是五种间谍的配合使用。

这本书中的语言叙述简洁，内容非常有哲理性，后来的很多将领用兵都受到了这本书的影响。

《吴子兵法》

《吴子兵法》是中国古代著名兵书，也是《武经七书》之一。据说是战国初期的吴起写的，战国末年就开始流传。《吴子》主要讲了战争观问题。它认为只有内修文德、外治武备才能使国家强盛。

它的内容主要包括图国、料敌、治兵、论将、应变和励士等方面，分上下两卷。具体内容如下：图国主要讲的是发展了孙武的"兵贵胜、不贵久"的思想；料敌主要讲述怎样判断敌情，因敌制胜的问题；治兵主要讲怎样治军，指出战争的胜负不是取决于军队人数的多少，而是取决于军队是否法令严明，赏罚必信，打不散、拖不垮；论将主要讲将帅的重要以及对将帅素质的要求，将帅是全军的统帅，必须刚柔兼备，将帅必须依靠金鼓、旗帜和禁令、刑罚等来治军以及指挥作战；应变讲了在不同情况下的应变之术与作战方法；励士主要讲述怎样激励士气。

《吴子》是在封建制度确立后，战争和军事思想有了显著发展的历史条件下产生的。它指出了作战方式的明显变化，反映了新兴地主阶级的战争理论、军队建设和作战指导方面的观点。

《吴子》继承和发展了《孙子兵法》的有关思想，在历史上曾与《孙子》齐名，二者并称为"孙吴兵法"，因而为历代兵家所重

视。现有日、英、法、俄等译本流传。

《三十六计》

《三十六计》是秦朝咸阳人杨南柯写的，这本书根据我国古代著名的军事思想与丰富的斗争经验总结得来，是中华民族文化遗产之一。

这本书按照计名排列而成，一共有六部分，它们分别是胜战计、敌战计、攻战计、混战计、并战计以及败战计。前面三部分是处在优势时采用的计策，后面三部分是处在劣势时采用的计策。每部分各有六计，一共三十六计。他们中的每一计名称后面的解说，都是根据《易经》中的阴阳变化的道理和古代兵家刚柔、奇正、攻防、彼己、虚实以及主客等对立关系相互转化的思想推演而成，含有朴素的军事辩证法的道理。解说后面的按语，多引用宋代以前的战例以及孙武、吴起、尉缭子等兵家的经典语句。

《三十六计》中的三十六计是我国古代兵家计谋的总结与军事谋略学的宝贵遗产。

《论持久战》

《论持久战》是一部不朽的著作，它由毛泽东写于抗战全面爆发后。当时在国民党内出现了"速胜论"和"亡国论"等论调，甚至在共产党内，也有一些人寄望于国民党正规军的抗战，轻视游击战争。于是毛泽东就写了这篇《论持久战》，对以上错误观点进行了一一批驳，它主要阐述了在我方弱于敌人时以及环境不利于我方时应运用持久战的策略。

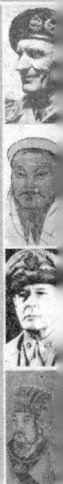

　　它的主要内容有：揭示了抗日战争发展的基本规律，比如敌强我弱，敌退步、我进步，敌小我大，敌寡助、我多助等；论述了只有实行人民战争，才能赢得胜利的思想；讲了抗日战争作战的形式主要是运动战和游击战。

　　它最出色的地方在于它对抗日战争做了论述，把抗日战争分成几个阶段：第一个阶段为敌之战略进攻、我之战略防御的时期；第二个阶段为敌之战略保守、我之准备反攻的时期；第三个阶段为我之战略反攻、敌之战略退却的时期。

　　《论持久战》是中国共产党领导抗日战争的纲领性文献，它为抗战指出了正确的方向，提出了正确的路线。而且后来的抗战实践充分证明了这篇著作的预见是完全正确的。

《制胜的科学》

　　《制胜的科学》的作者是苏沃洛夫（1730—1800），他是俄国著名将领，俄国军事艺术的奠基人之一。这本书是苏沃洛夫的代表作，集中反映了他的治军思想、军事战略以及作战原则。《制胜的科学》对俄国的军事学术起了奠基作用，对后来苏军的作战训练和军事学术的形成有着重要影响。

　　《制胜的科学》共有两部分，还有引言和注释。第一部分为分队对抗演习或演习前的训练。第二部分为向士兵口授必须的知识。

　　《制胜的科学》的基本内容有：

　　1. 提出观察、快速以及猛攻三项基本战术原则；

　　2. 在重视发挥火力的作用、重视射击训练与实战射击的同时，重视发挥刺刀的作用，强调白刃突击的重要性；

3. 在人与武器的关系中，坚决将人放在优先地位，认为人是战斗胜负的决定因素。

《制胜的科学》是苏沃洛夫多年战斗经验的结晶，也是 18 世纪俄国先进的军事理论思想的典范。

《海军战略论》

《海军战略论》是马汉（Alfred Thayer Marhan 1840—1914）的主要代表作。马汉是海权论的创立者，美国著名的海洋历史学家。他 1859 年在美国海军军官学校毕业，一生从军，最初担任新港海军学院历史学和战略学的讲师，1886 年到 1889 年和 1892 年到 1893 年两次出任该校校长，1898 年担任美西战争的指挥官，1899 年代表美国出席海牙裁军会议，但坚决反对裁军，一生都在为美国海权的建立而奉献。他写的书很多，其中以 1890 年出版的《海权对 1660—1783 年历史之影响》，1911 年出版的《海军战略论》较为著名。

马汉认为海权有六项基本要素：位置、地形、国土之大小、人口数量、国民性和政府的政策。

马汉海权论的中心思想是：海权的发展属于外线作战，以攻击为主要任务，陆权就是以防御为主；有优势的海军，优良的海外基地、海港，才能和敌人抗衡，发挥海权的力量。他的观点大多散见于各种著作中。

《战争论》

《战争论》是克劳塞维茨在总结以往战争尤其是拿破仑战争的基础上写成的，这本书一共有 3 卷 8 篇 124 章，还有说明以及作者

自序。

　　这本书是作者在 1810 年到 1812 年为普鲁士王太子传授军事课的材料。有关军队的有机区分、战术与战术学讲授计划以及提纲等附录，大约有 70 余万字，一共有 8 篇，分别介绍了论战争的性质、论战争理论、战略概论、战斗、军队、防御、进攻以及战争计划。

　　克劳塞维茨的军事观点主要有：战争只能依据概然性的规律推断；战争无非是政治通过另一种手段的继续；消灭敌人军队的企图就是战争的长矛；战争理论不是死板的规定而应是一种考察；运用战争史例的两条原则是必须详举史例和尽量选择最近的史例；精神要素是战争中最重要的问题之一；民众战争是战争整个发酵过程的扩大与加强；进攻与防御两种作战形式是相互交错的；战略上最重要并且最简单的准则是集中兵力。

　　虽然该书是一部尚未完成的著作，但克劳塞维茨运用德国古典哲学的辩证法考察战争问题，对一系列在战争理论中引起一场革命的主要思想进行了详细的阐述，因此，仍然具有很重要的意义。

《战争艺术概论》

　　《战争艺术概论》是瑞士军事理论家约米尼写的。约米尼曾是拿破仑三世高级军事顾问，他写的这部军事著作共有 7 章 47 节，还有 1 个结论、1 个补遗、2 个续编和 7 幅附图。

　　这本书的主要内容包括：战争政策；军事政策与战争哲学；战略；大战术以及交战；战术；战略战术性混合作战；战争勤务与调动军队的实用艺术；军队的战斗部署以及三个兵种的单独使用与联合使用。

《战争艺术概论》总结了法国革命战争以及拿破仑战争的经验，提出了许多作战指导原则、方法与形式，是军事上著名的理论著作。

《战略论》

《战略论》的全名是《战略：间接路线》，是英国军事理论家利德尔·哈特的代表作品，这本书共有4篇，22章。

这本书的第一篇主要讲了从古代到第一次世界大战以前西方历次大战争的经验教训。他们主要是当敌人据有坚固的阵地时，决不要对它发动直接攻击，不要用攻击的方法使敌人失去平衡，而要在真正发动攻击之前先让敌人失去平衡。第二篇和第三篇主要讲了第一次和第二次世界大战的战争经验和教训。第四篇是全书的总结论。

书中提出战略是一种分配和运用军事手段来达到政治目的的艺术，它的成功在于对"目的"与"手段"的正确计算、结合以及运用。战略的目的是破坏敌人的稳定性，战斗仅是达成战略目的的手段之一，最完美的战略是那种"不必经过严重战斗而能达到目的的战略"。破坏敌人稳定性的方法有物质手段与精神手段，真正的间接路线战略必须同时考虑物质因素与精神因素。

这本书中还特别提出战争的目的是为了争取更好的和平，所以必须考虑战后的和平问题。

《制空权》

《制空权》是一部专门讲述空军战略理论的著名军事著作，也是地缘政治理论中空权理论的代表作品，在军事学术史上占有重要地位，对现代军事理论也有影响。它是由意大利人朱利欧·杜黑所著，

于 1921 年发表。杜黑（1859—1930），出生在意大利南部城镇卡塞塔，曾先后在都灵炮兵工程学校和陆军大学毕业。

《制空权》的主要观点有：飞机在战争舞台上的出现，完全改变了以往战争的面貌；在未来战争中，夺得制空权是赢得战争胜利的必要条件，丧失制空权就意味着失败；夺取制空权只能依靠空军，而空军也应该将其作为自己的首要作战目的；空军在未来战争中将是一支进攻性力量，要集中大量飞机向敌人的军事目标、后方城市、居民中心进行战略轰炸，从物质与精神上摧毁其抵抗，迫使敌人屈服；空军要统一指挥，集中使用，而不应将其力量分散。

杜黑支持墨索里尼，并且在意大利法西斯政府中得势。但是他很快辞职继续著作直到 1930 年因心脏病过世。他的很多预测都没实现，但是他提倡的空权、恐怖轰炸、攻击生命中枢三项指导原则今日仍然受空军重视。

本书一出，除意大利之外，各国对于他的理论评价不一。在英国他不受重视，英国空军没有要求必读此书。但是在法国、德国以及美国，此书却很受重视，它的理论也在这些国家得到进一步讨论与传播。

《大战略》

《大战略》的全名是《大战略：原则与实践》，它的作者是约翰·柯林斯，美国著名战略理论家。约翰曾把战略解释为：把国家战略中的全部军事战略和其他领域诸如政治、经济等方面的战略与国防直接有关的部分汇集在一起，就构成大战略。该书除重点叙述美国的各派军事思想和军事战略外，还叙述了美国的对外政策以及

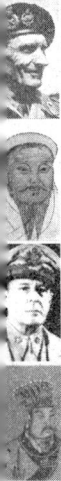

一口气读懂军事常识

与军事战略有关的地理、经济和科学技术等问题。

这本书正文有 6 部分，共 29 章。第一部分主要讲了大战略的各个要素，并对国家战略、大战略与军事战略的区别、基本战略样式、主要战略思想学派以及作战原则等问题进行了评述；第二部分集中讲了全面战争、有限战争、革命战争与冷战的定义、性质、原因、目标、方法、计划以及需求等；第三部分讲了第二次世界大战后对美国安全的外来威胁，美国大战略的概貌、威慑、战略报复、战略防御的概念，灵活反应——美国战略的一个组成部分，美国关于集体安全的概念，美国对欧洲、对东亚和西太平洋、对中东的战略，以及反暴乱的战略思想；第四部分讲了一些需要特殊考虑的与大战略有关的问题，如地缘政治理论、军备控制、国防经济、科学技术以及民族特点等；第五部分讲了战略家的一些基本特征；最后一部分主要讲战略的运用。

《大战略》一书作为作者多年研究美国军事战略的成果，书中的很多新奇独特的地方都对军事战略方面有着很重要的价值。而且近年来，中国学者也有人使用大战略，通常是指比军事战略高一个层次的战略，有时也与国防战略混用。

一口气读懂军事常识

军事院校篇

桑赫斯特皇家军事学院

桑赫斯特皇家军事学院的英文名字是 Royal Military Academy Sandhurst，它是英国培养初级军官的一所重点院校，同时也是世界训练陆军军官的老牌和名牌院校之一。英国桑赫斯特皇家军事学院和美国西点军校、俄罗斯伏龙芝军事学院以及中国黄埔军校并称世界"四大军校"。

桑赫斯特皇家军事学院在伦敦市西48千米处的伦敦路北侧，占地面积3.54平方千米。学院设有军事科技、作战研究和国防事务等科室，学院按学员的不同分为新学院、老学院、胜利学院、施里文汉学院与女官军学院，学院的中央图书馆藏书达15万册。

英军正式训练军官的历史可追溯到250年前，1671年英军开办的短期训练班，多数与军械局相关。1741年4月30日，乔治二世国王签署一份皇家文件，决定建立皇家军事学院，它就是现代的桑赫斯特军校的前身。当时校址设在伍尔维奇，而且当时主要是为皇家炮兵团培训军官。

后来，皇家工程兵、皇家通信兵、皇家装甲兵等自1920年也相继建立了军事学院。第二次世界大战爆发后，学校关闭，直到1947年，英军将其与皇家军事学院合并，正式改称陆军桑赫斯特皇家军事学院，并在当年1月3日开学。英军老学院、新学院、维克多利学院三所院校驻在桑赫斯特，直到1970年。在院校集中与合并中，桑赫斯特集中了更多的军官训练机构而成为今天的规模。

桑赫斯特军事学院设有预科班、标准军事班、正规职业军官班、大学毕业生标准军事班以及妇女军官班等。学院设有标准军事课程、

正规职业军人课程、标准研究生课程、皇家妇女队课程与罗阿伦连课程等五种课程，同时还为专业兵、地方军、志愿后备役军官开设了一些短期课程。标准军事课程学制是 28 周。

在这所学校里出来的著名学员有温斯顿·丘吉尔、伯纳德·劳·蒙哥马利、弗雷德里克·罗伯茨、哈罗德·亚历山大等。

柏林军事学院

柏林军事学院的前身是高级军官学校，它于 1810 年创建于柏林，是世界上第一所培养高级参谋人员的学校。该院隶属于国防部，院下设立院务部，训练、理论与研究部以及学员部等。学校还有院长办公室和一个咨询机构。学院原址在巴特·埃姆斯，1958 年迁到汉堡。1972 年，它成了联邦德国一所综合性的高等军事学府，目的是培养和轮训三军高级参谋人员以及中级指挥官。

该校培养了许多有名的军事将才，如西方军事理论鼻祖克劳塞维茨、闪击战基础理论奠基人老毛奇、"施利芬计划"的制订者施利芬、总体战理论的创始者鲁登道夫、闪击战理论家古德里安、无限制潜艇战理论创始人邓尼茨等等。

全院有基本系、参谋系和军种司令部专业系。

学院的教学具有以下几个特点：首先，师资队伍素质较高。联邦德国军队一直都很注重军官素质教育，注重培养军官团队精神。在经历了许多战争后，这种传统的影响仍然根深蒂固。因此，德军院校在教育的过程中认识到，学员的素质得益于教官的影响，教官的素质直接关系到教学活动的质量。从这一点出发，指挥学院十分重视教官的选择。所有的教官在上岗前必须要经过德军专门的师资

培训机构的培训。其次，注重实践教学。在整个教学过程中，实践教学占有相当大的比例。如，学员在完成基础科目训练后，必须在各级司令部机关实习一年，才能回到学院继续进行下一阶段的学习，这个特点就决定了德军的参谋人员具备较强的参谋业务素质。另外，军种的参谋人员的基础训练结束后，还要结合训练和演习参加本军种的军事实践活动。最后，学院本身还得具备强大的培训能力。联邦国防军指挥学院的训练时间采取浮动制，设置的原则就是根据需要灵活确定，因此，学院根据不同训练类型确定相应的训练时间。这样的学制操作，可以无形中增强培训的能力，提高培训的"真质量"，因此，指挥学院每年大约有 2000 名学员毕业，而众所周知，联邦德军参谋队伍是世界一流的。

西点军校

联邦西点陆军军官学校的英文名字是 The United States Military Academy at West Point，通常被称为西点军校。西点军校是美国第一所军事学校，在纽约州西点也就是哈德逊河西岸，距离纽约市约 80 千米，学校占地 16000 英亩（1 英亩约等于 4047 平方米）。

1802 年 3 月 16 日，联邦西点陆军军官学校建立，同年 7 月 4 日西点军校开学。从这个军事学校毕业的学生将获得理学学士，毕业后的军衔是陆军少尉。这里的学生在毕业后必须在军队中至少服役 5 年和 3 年的后备役。西点军校的校训是"责任、荣誉、国家"。这个学校是美国历史最悠久的军事学院之一，它和英国桑赫斯特皇家军事学院、俄罗斯伏龙芝军事学院以及中国黄埔军校并称世界"四大军校"。

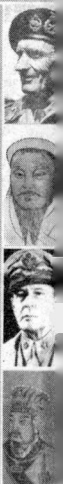

这个学校的著名校友有德怀特·艾森豪威尔，尤里西斯·辛普森·格兰特，威廉·提康普赛·谢尔曼，罗伯特·爱德华·李，道格拉斯·麦克阿瑟，石墙杰克逊，小乔治·史密斯·巴顿。

这所几乎和美国历史一样悠久的著名军校，建成近190年来，一直被称为美国陆军军官的摇篮。翻开美国的军事史，没有哪一页没有留下西点毕业生的伟业。可以毫不夸张地说，凡是有美国参与的战争，就一定有西点军校毕业生的身影。因此西点军校培育了一代又一代的名将和军事人才，其中有3700多人成为将军，2人成为美国总统，即格兰特和艾森豪威尔。据1993年统计，美国陆军中有超过40%的将军是西点军校的毕业生。从南北战争到海湾战争，西点毕业生都创下了辉煌的业绩。

弗吉尼亚军事学院

弗吉尼亚军事学院，是美国在1839年11月11日创立的第一所州办军事学院，学院位于弗吉尼亚州列克星顿市郊。弗吉尼亚军事学院办学以造就文武合一、品质优良的青年为宗旨。

该校最重要的特色在于它并不是以培养军官为第一任务，由它培养出来的青年未必选择军队作为终身的事业。通常在他们服完规定的预备役之后，只有15%继续留在军中，其余的进入社会各行各业。不过当国家需要的时候，这些校友就再度投身军旅，为国家贡献自己的力量。

该校设立了航空航天系、军事科学系和海军科学系等军事学科。该校军事课程设置有军事史、战术、技术、领导统御以及兵器5类。该校学制4年，学生在4年内都必须学会手枪、步枪、机枪、迫击

炮、无后坐力炮、火箭炮、野战炮、手榴弹、坦克以及飞机等的操作。这个学校目前还颁授数学、物理、化学、生物、土木工程、机械工程、电机工程、经济、历史、英文和现代语言等 11 种学士学位。

到目前为止，美国弗吉尼亚军事学院共有 6 人获得美国国会荣誉勋章，在两次世界大战中，该校学生和校友都作出了贡献。第一次世界大战时，该校共有 1830 人在欧洲作战，其中有 5 位将军。第二次世界大战时，该校 4100 人服役军中，有 90% 的学员当上了军官，其中有 61 位将军，包括曾分别担任美国国防部长、陆军参谋长的五星上将马歇尔和巴顿将军。

至今加起来，该校已经有 62 名著名的将领产生，马歇尔称赞弗吉尼亚军事学院："不但给了我与人相处的日常行动准则，而且还给了我一种军事遗产——荣誉与自我牺牲精神。"

加拿大皇家军事学院

加拿大皇家军事学院是在 1876 年建校的，到如今已经拥有 100 多年的历史。1876 年 6 月 1 日，加拿大军事学院正式开学。两年后，维多利亚女王准许在学院名称前冠以"皇家"字样。这所学校方圆 41 公顷，现代的学术、运动、居住设施与古老、历史悠久的建筑混建在一起。加拿大皇家军事学院是一所与众不同的大学，学校的毕业生经过培训与训练都将是加拿大国家军队中的指挥官人选。

由于学员毕业后就会面临军事服务的指令，因此学员所有的费用全免，而且每月还有一定数量的薪水发放。这座皇家军事学院的班级规模也很小，教授与学生的比例也做到恰如其分，实验室装备

有各种必须设施。该校设立的学位与课程有文科、理科与工程学，都用英语和法学教学。学期的安排为第一学期在 9—12 月，第二学期在 1—4 月。

自 1876 年开始服务于加拿大与加拿大人民以来，加拿大皇家军事学院不仅为国家军队提供了后备人员，而且为国家政府、商业和各行业均培养了大量的人才，经学校毕业的学生几乎全部位居领导地位和具有强烈责任感的职位。

伏龙芝军事学院

伏龙芝军事学院是苏联武装力量培养诸兵种合成军队军官的高等军事学校，是研究诸兵种合同战斗与集团军战役问题的科研中心，学院坐落于莫斯科。

伏龙芝创办于 1918 年 10 月 7 日，又称工农红军总参学院，目的是从工农中培养具有高等军事文化程度的指挥干部，1925 年 11 月 5 日才命名为伏龙芝军事学院。

学院的编制包括基本系和函授系、战役战术教研室、马列主义教研室、苏共党史和党政工作教研室、战争史和军事学术史教研宝、外语教研室、训练部以及科研部。

由于这所学院培养的是军事方面的高级人才，因此学员入学条件十分苛刻。首先必须在诸兵种合成军队高级指挥学校毕业，并担任过 2 年以上营级指挥官职务，具有分队指挥的实践经验，还要具有良好的战斗素养，年龄在 38 岁以下以及军衔是大尉或少校。招生办法为领导推荐、逐个审查和择优录取。统考科目有俄语、数学、物理、文学、战术以及技术装备等。

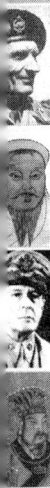

国内战争结束后，学院对教学、科研和党政工作进行了调整。在完成这项任务中，1924 年 4 月—1925 年 1 月任该院院长的 M．B．伏龙芝发挥了重大作用。在他的领导下，该校健全了学院体制，改革了教学大纲和教学方法，废弃了不必要的科目，重视了野外作业，发展了军事科学研究工作，活跃了军事科学协会和研究生班的活动。随着装甲坦克和机械化兵、炮兵和航空兵的发展，学院面临着为团至军级培养具有广泛知识的诸兵种合成军队指挥员的任务。为此，它成立了摩托化和机械化、空军和战斗训练等教研室。

伏龙芝军事学院是苏联军事学术思想的中心之一。这个学校的著名校友有崔可夫、格列奇科、朱可夫、刘伯承、左权。

俄罗斯伏龙芝军事学院和美国西点军校，英国桑赫斯特皇家军事学院，中国黄埔军校并称世界"四大军校"。

黄埔军校

1924 年，世纪伟人孙中山先生高瞻远瞩，视"教育为神圣事业，人才为立国大本"，在广州亲手创办了一文一武两所学堂——国立广东大学（今天的中山大学）和黄埔军校。

黄埔军校最初叫"中国国民党陆军军官学校"，由于校址设在广州东南的黄埔岛，史称黄埔军校。1946 年，中国国民党移交军队于国家后改称"中华民国陆军军官学校"。

该校分校有潮州分校、长沙分校、洛阳分校、武汉分校、江西分校、广州分校、昆明分校、南宁分校、西安分校、湖北分校、迪化（今乌鲁木齐）分校、凤山分校。

大陆时期设置的机构有：政治、教育、训练、管理、医学以及

补给。军校分步兵、炮兵、工兵、辎重兵、宪兵以及政治等科。迁台时期教学单位包括大学部、通识教育中心和军事管理科学研究中心。其中大学部有研究发展中心、土木系、机械系、管科系、外文系、物理系、化学系、电机系、资讯系和政治系。

黄埔军校（中华民国陆军军官学校）和美国西点军校、英国桑赫斯特皇家军事学院以及俄罗斯伏龙芝军事学院并称世界"四大军校"。

黄埔军校建立以来，以孙中山的"创造革命军队来挽救中国的危亡"为宗旨，以"亲爱精诚"为校训，以培养军事与政治人才、组成以黄埔学生为骨干的革命军、实行武装推翻帝国主义和封建军阀在中国的统治、完成国民大革命为目的。该校一方面积极进行孙中山的三民主义教育，一方面灌输马克思列宁主义的思想。军校采用军事与政治并重，理论与实践结合的教学方针，为中国革命培养了大批军事政治人才。广大黄埔师生在反帝反封建、争取国家统一与民族独立的斗争中立下了赫赫战功，为中国革命作出了重大贡献。

该校毕业的著名校友有国民党的指挥官杜聿明、胡宗南、张灵甫、廖耀湘和共产党的指挥官左权、陈赓、周逸群、徐向前、林彪、罗瑞卿、许光达、陈伯钧、聂荣臻、赵一曼、赵尚志。

日本陆军士官学校

日本陆军士官学校原来的名字是日本陆军初级军官学校，其前身是在1868年8月明治维新期间开办的京都军校，次年迁到大阪，叫大阪兵学寮。1871年迁到东京，叫东京兵学寮。1873年海军兵学寮成立后，改为陆军兵学寮。1874年，日本正式建立陆军士官学校，

第一任校长是曾我祐准，由陆军卿直接领导。

学校主要教授军事课程，并且注重对学生灌输"效忠天皇"的封建忠君思想，以及为了"大日本帝国"不惜肝脑涂地的军国主义思想，用非常残忍的方法来培养学生的武士道精神，因此它并不在四大著名军校之内。

陆军士官学校是一所培养具有较强纪律性和爱国心的士官学校，它培养了真崎甚三郎、松井石根、荒木贞夫。该校重视军国主义精神教育，强调提高学员的文化水平以及战术素养，这个学校的毕业生是日本近代军队的骨干，近代日本四处发动的侵略战争中的陆军军官无论是将军还是少尉，几乎都曾在该校学习过，其中有 6 人曾是内阁首相，此外很多的中国军政界要员也先后在此校就学。比如：蔡锷、蒋百里、孙传芳、阎锡山、何应钦等。

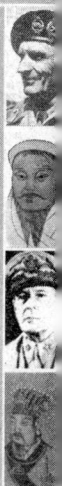

军制军种篇

军制的定义

军制就是军事制度，它是国家组织、管理、发展、储备军事力量的制度。它主要有国家的军事领导体制、武装力量体制、军队的组织体制和编制、国防经济管理体制、武器装备管理体制、军队的教育训练和行政管理等各项制度、兵役制度、民防制度、国防教育制度、战争动员制度及军事法制等。

军制的职能就在于保障军事建设，增强军事实力，以便能更有成效地进行战备和实施战争。军制是随着国家、军队的产生而产生的，国家的性质决定了军制的阶级属性。国家的政治制度、经济条件、军事战略、军事理论、武器装备、科技水平和地理环境、历史传统等，都是制约和影响军制制定和发展的重要因素。

中国古代军制

军制的出现已有五六千年的历史，中国从夏朝初期开始产生军制，到现在也已有4000余年。4000多年来，由于社会政治制度的变革、生产力水平的提高以及长期连绵不断的战争的影响，使得军制有着极为丰富的内容。

中国在夏、商和西周时期，已经确立并发展了体现奴隶主阶级意志的军事制度，各朝的王是国家的最高统治者，同时也是最高的军事统帅。而贵族大臣平时管理民事，战时才会成为军队领导，统兵打仗。因此古时的皇帝不仅拥有强大的王室和强大的王族军队，而且还能够征调方国与诸侯的军队。军队的最大编制单位是师，士卒由奴隶主和平民组成，平民战时应征当兵，平时在家劳动，奴隶

随军服杂役。

随着社会的发展，军队逐步发展成为以车兵为主，武器装备以青铜兵器为主，兼用木、石及骨制兵器，主要有刀、矛、戈、弓、矢、盾、护甲和兵车等，并对参战人员制定了简单而严厉的赏罚制度。

直到春秋时期，随着奴隶制逐步解体，封建制度开始兴起，周王室渐趋衰微，诸侯、卿大夫的军权不断得到扩大。各诸侯国开始军制变革，他们废除了奴隶不能充当甲士的制度，开始实行郡县征兵制。同时文武分职开始出现，他们实行武官任免制度。南方吴、楚、越等许多国建立了一定规模的舟师，有的诸侯国还建立了步兵。车兵虽然仍是主要兵种，但地位开始下降，步兵地位逐步上升，这时军队的最高编制单位已经变成了军。

战国时期是军制变革最活跃的时期，当时封建制度开始确立，随着封建经济的发展和铁制兵器的广泛应用，诸侯大国之间的兼并战争连绵不断。各国为实现富国强兵，纷纷变革军制，产生了一系列反映新兴地主阶级意志的军事制度。诸如剥夺私属武装，建立统一军队，集中军权，由国君直接掌握军队征调大权，建立按军功晋爵升赏的制度等，有的国家诸如秦、楚等国还创建了水军。

从公元前221年秦朝统一中国到清末1840年的鸦片战争，在两千多年的岁月里，历代封建王朝都建立了符合自身特点的军事制度。在军事领导上，封建王朝建立了军权高度集中于皇帝的体制，最高军事统帅都是由皇帝充当，辅以宰相为核心的最高军事决策集团，并设置中央军事行政机关和军事指挥机关。在武装力量体制上，他们主要是采用中央军、地方军、边防军和民众武装相结合，以中央

军作为主体的体制。在兵种构成上，车兵逐步消失，步兵、骑兵成为主要兵种，并有一定数量的水军，到宋、金时期建立了炮兵部队即炮手军，元朝时编有炮兵万户府，明朝组建的火器部队叫做神机营。在武器装备上，宋朝以前，军队一直使用刀、矛、剑、戟、弓箭等冷兵器作战，从宋朝开始使用火枪、火炮、火箭和火球等火器，逐渐进入了冷兵器和热兵器并用的时代。在兵役制度上，各朝因势采用征兵制、募兵制、世兵制或者多种兵役制度相结合，但不论哪种兵役形式，农民历来都是军队兵员的主要成分。历代封建王朝很重视运用法律手段推行军事制度，将许多军制内容，比如军队的编制、军队的调发、番上宿卫、校阅当值、屯田戍边、军人职守、武官选任、加衔晋级、兵丁拣点、逃兵惩治、军需补给、兵要机密、兵役军赋、驿站通道、厩库管理、武器的制造与配发等，都通过法律的形式颁布实行。

鸦片战争以后，中国逐渐变成半封建半殖民地社会，军队是维护封建地主阶级和买办资产阶级利益的工具。清朝末年、北洋军阀时期和国民党政府时期的军事制度也随之具有封建、买办性质。在这一时期，武器装备完成了由冷兵器向热兵器的发展。国家的军事领导机构、军队的体制编制、军队的教育训练制度以及军队的管理制度等逐步向近、现代过渡。

现代军制

随着现代社会生产力的大力发展，科学技术水平的快速提高和武器装备的日新月异，世界各国都着眼于未来战争，不断革新军制，以此来建立起符合自己国情的军事制度。

现代军制关系到国家的各个领域，内容复杂，形式多样，概括起来主要有以下方面：

　　1. 军事领导体制。它是由最高军事统帅、军事决策机关和执行机关以及地方各级军事部门的设置、职权划分和相互关系组成的制度。

　　2. 武装力量体制，也就是常备军和其他正规、非正规武装组织的规模、编组、任务区分和相互关系的制度。

　　3. 军队的组织体制和编制，也就是关于军队领导指挥系统、战斗部队系统、战斗保障部队系统、院校系统、科研系统和后勤保障系统的设置、编组、任务区分与相互关系的制度。

　　4. 国防经济管理体制，即国家关于领导、管理国防经济活动的组织系统和工作制度。它主要由国防经济各层次、各部门的组织体制和管理制度组成，军费的分配和使用制度，战略物资的储备体制等。

　　5. 武器装备管理体制，主要包括武器装备领导、管理和协调机构的设置、任务区分和相互关系的制度。武器装备的研制、试验、定型、生产、采购、申请、补充、动用、封存、保管、维修、转级、退役、报废和技术革新等环节的管理制度，武器装备发展的预测、规划、论证和决策制度等。

　　6. 军队的各项工作制度，主要有军队的教育训练、行政管理、人事管理、装备管理、政治工作和后勤保障等制度。

　　7. 兵役制度，也就是公民参加武装组织或在武装组织之外接受军训、担负军事任务的制度。它主要有国家关于公民参军服现役、在军队之外服预备役、在校学生接受军训与军人优抚等方面的规定，通常由国家元首和最高权力机关以法律的形式予以公布。

　　8. 民防制度。它是国家关于组织民众防备敌人空袭与消除空袭

后果的制度。它通常由法规性的文件予以规定，一般区分为平时的民防和战时的民防。平时的民防包括有关民防组织体制建设、机构设置、工程构筑、队伍训练、通信警报建设、物资准备、人员疏散准备和对公民的宣传教育、参加抢险救灾等；战时的民防包括有关实施组织指挥、疏散和隐蔽城市人口、灯火管制、伪装遮蔽、消防、抢救、抢修、恢复生产、支援军队作战和维护社会治安等。

9. 国防教育制度。它是国家根据国防的要求，对公民的品德、智力以及体质等方面实施有计划的教育与训练的制度。实施国防教育训练的有关规定，依据宪法以及兵役法制定。

10. 动员制度。它是国家由平时状态转入战时状态，调动一切力量以应付战争的制度。它主要有武装力量动员、国民经济动员、政治动员、民防动员计划的制定与实施，动员机构的设置，动员令的发布和实施等。

11. 军事法制。它是国家关于军事法律、法规、规章的制定和实施的制度。它的职能在于保障各项军事法律规范的制定与实施，保障军事建设和军事行动的实施，保护军事设施，维护军队和军人的合法权益，规范军队的行为，保证军队的高度集中和统一等。

军衔的含义

军衔是缀在肩章和领章等处的等级符号，它标明的是军人社会地位以及军事级别。军人的这种等级称号，在旧中国和现在的台湾地区称作"军衔"。军衔在15世纪—16世纪产生于西欧一些国家，所以习惯上叫作西欧式军衔。

军衔的等级，主要由将官、校官、尉官、士官和士兵构成，有

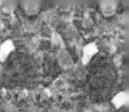

的国家在将官之上还设有元帅，在尉官和士官之间还设有准尉。军衔按获得者的兵役状况与所在部队的专业性质，在横向上又区分为不同的类别。许多国家的法律规定，军衔是军人的终身荣誉，非经法律判决不得剥夺，不犯错误不得降低，具有一定条件的军人退役后，在规定的场合有权佩带军衔符号的军服。

实行军衔制度的意义，主要是有利于提高军人的荣誉感与责任心，加强军队的组织纪律性，方便部队的指挥和管理，促进正规化建设，对国际联盟作战与军队间交往也具有重要作用。

各国军官军衔同军队职务之间有一定的对称关系，通常是少尉与排长对应、中尉与副连长对应、上尉与连长对应，少校与营长对应、中校与副团长对应、上校与团长对应、准将与旅长对应、少将与师长对应、中将与军长对应、上将与方面军司令官对应。

军衔的起源

15 世纪以前的世界各国军队中，只有官衔，没有军衔。军衔与官衔的根本区别是把士兵纳入了军队的等级体系，这是一种革命性的进步。军衔最早出现于 15 世纪—16 世纪的意大利和法国等一些西方国家。当时西方的一些国家中出现了资本主义萌芽，工商阶级为了发展贸易，需要有一个强有力的王权，以打破封建割据。因此国王为了集中王权，就需要工商阶级的财政资助。于是，在这些国家出现了一个以保护贸易为交换条件、工商阶级出资支持君主制的政治局面。国王通过税收得到了雄厚的财源，雇佣国外的军人建立听命于自己的军队。从此以后，雇佣军成了国家的主要军事力量。

雇佣军是以步兵为主体，他们大都是自由农民、市民、破产骑

士、有产市民的子弟和出身于其他阶层的普通人。雇佣军的组织以连作为基本单位，几个连构成一个团。连的指挥官称为上尉，副手称中尉，团由称作上校的军官指挥，助手叫做军士长，后来改称少校。

军衔制度的出现，促进了军队的建设。法国启蒙思想家伏尔泰指出，法国国王路易十四在同西班牙的战争中，由于法军建立了一套完善的军衔制度，使得法军所向披靡。正因为军衔制度对军队建设具有积极的促进作用，它逐步被世界各国军队所采用，500 多年来相沿不衰，显示出强大的生命力。

编制军衔

编制军衔又称"职务军衔"，它是对军队的每一个职务所规定的军衔等级。军人个人的军衔必须是在其所担任职务的编制军衔范围内授予和晋升。世界各国军队一般都规定有编制军衔，但编制幅度不尽相同，有的一职编一衔，有的一职编数衔。

其中规定一职编一衔的英美等国家，辅以临时军衔制度，来调整新老军官的利益关系，规定一职编数衔的国家，则用编制军衔的幅度来调整新老军官的利益关系。

中国人民解放军的编制军衔，基本上实行一职编两衔的制度。1994 年全国人大常委会通过修正的《军官军衔条例》规定：中央军事委员会副主席、中央军事委员会委员、总参谋长、总政治部主任的职务编制军衔为上将，其他各职级的编制军衔为：正大军区职：上将、中将；副大军区职：中将、少将；正军职：少将、中将；副军职：少将、大校；正师职：大校、少将；副师职（正旅职）：上校、

大校；正团职（副旅职）：上校、中校；副团职：中校、少校；正营职：少校、中校；副营职：上尉、少校；正连职：上尉、中尉；副连职：中尉、上尉；排职：少尉、中尉。

永久军衔

永久军衔又称"个人军衔"或者"正式军衔"，是根据军官所任职务、德才表现、工作实绩、对事业的贡献与在军队中服役的经历等综合因素，授予个人的军队等级称号。

这种军衔称号是军官的终身荣誉。军官退役后仍然予以保留，只是在军衔称号前加上"退役"二字，比如"退役上校"、"退役中将"等，故叫做永久军衔。

世界上多数国家的军衔制度都属于永久军衔性质。永久军衔的特点是，将军官的荣誉称号、待遇等级、职务因素融为一体，使其兼有调整部队指挥关系与调整个人利益关系的两种功能。永久军衔和职务的关系是，在宏观上军衔受职务的制约，也就是军官的军衔必须是在其所任职务编制军衔范围内授予或晋升。但在微观上，军衔又不受职务的影响，也就是在所任职务编制军衔的幅度内，军衔的授予和晋升，可以是"高衔"，也可以是"低衔"。

临时军衔

临时军衔又称"职务军衔"或"名誉晋级"，它是按照军官所任职务佩带军衔符号，任什么职就佩带什么职务所对应的军衔符号，职务下降军衔也随之降低，职务消失军衔也就没有了。

临时军衔，最初来源于"名誉晋级"（Brevet），来源于拉丁语

brevis（短暂的）。早在 1600 年，英国人就用名誉晋级一词，表示临时提高一个人的权力，作为对他胜任职守的一种奖赏，但不提薪。名誉晋级，英国人叫做为"荣誉阶级"或"加衔阶级"。

西方国家实行临时军衔制度的初衷是，可以在战时把更大的职责交给军官，同时又可以避免在战争结束后出现过多的高级军衔。现在看来，实行临时军衔和永久军衔相结合的制度，其更为普遍而现实的意义在于：按临时军衔佩带军衔符号，可以实现职务与军衔符号相一致，便于对部队的作战指挥与平时管理。按永久军衔享受个人生活待遇，使军官的待遇不只是同职务挂钩，而是同全部的劳绩贡献挂钩，有利于调整新老军官之间的利益关系，调动更多人的积极性。

军种

军种即军队在其组成上，依据主要作战空间、使命以及武器装备所划分的基本种类。现代各国军队主要分为陆军、海军、空军三个军种。有的国家还设有防空军，俄罗斯还有战略火箭军，有些国家只有陆军、海军和陆军、空军两个军种，少数国家只有陆军，也有个别国家不分军种。

每个军种一般都有若干个兵种和专业兵，设有领导指挥机关和院校、科研机构以及后勤保障系统，有特定的服装与标志，配备专用的武器装备，有自己的编制、训练、作战特点与战略战术等。社会生产力的提高、经济实力的增强、武器装备的发展以及军事战略、地理环境、军队规模、历史传统等多种因素决定了军种的产生和划分。

中国人民解放军有陆军、海军、空军三个军种和第二炮兵。越

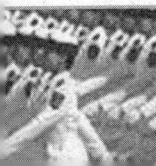

军有陆军、海军、空军和防空军四个军种。俄军有陆军、海军、空军、防空军以及战略火箭军五个军种。蒙军有陆军与空军两个军种。

当然，随着军事技术兵器的不断发展，战争空间规模的增大，还将出现新的军种。如：由于航天技术的发展，将出现航天军。如今美国已经成立了航天司令部，为航天军的发展奠定了基础。

陆军

简单地说，在陆地上作战的军种就是陆军。它和军队一样古老，自古以来一直是军队的主要组成部分。现代陆军主要有步兵、装甲兵、炮兵、陆军防空兵、陆军航空兵、电子对抗兵、工程兵、防化兵、通信兵、侦察兵等兵种和专业兵。有些国家的陆军还有空降兵、导弹兵、铁道兵以及特种部队等。其指挥机关称陆军部，或陆军总司令部，又有叫陆军司令部，还有的称陆军参谋部等。各国陆军通常按师、团、营、连、排、班的序列编制，有的国家的陆军还编有集团军一级。主要装备包括步兵武器、汽车、坦克、装甲车、火炮、导弹（火箭）、直升飞机以及各种技术器材。

现代陆军是一个多兵种、多系统和多层次有机结合的整体，具有强大的火力、突击力以及高度的机动能力，既能独立作战，又能和其他军种联合作战。

当今，世界上几乎所有的国家都建有陆军。许多国家的陆军都有 5 个以上的兵种和保障部队，每个兵种又由不同层次、多种类型的部队编成。

海军

海军是以舰艇部队作为主体，在海洋上作战的军种。海军也是

一个古老的军种，产生于陆军之后，是军队的重要组成部分。

现代海军通常由水面舰艇部队、潜艇部队、航空兵、岸防兵以及陆战队等兵种和专业兵组成，通常设有领导指挥机关，编有部队、院校、科研机构等，并辖有海军基地等。各国海军的领导指挥机关名称不一，有些称海军部，有些称海军司令部或海军总司令部，有些称海军参谋部，其编制亦不尽相同。海军的主要装备有作战舰艇、辅助舰船以及飞机，配备有战略导弹、战术导弹、火炮、水中武器、战斗车辆等，在作战舰艇中，少数国家装备有航空母舰。海军具有在水面、水下以及空中和对岸作战能力，有的还具有战略袭击能力，既能单独作战，又能和其他军种协同遂行海洋机动作战。

中国是古代海军的发祥地之一，在古代海军又称舟师、楼船军、水军或水师。

当今，世界上设有海军的国家和地区有一百多个，美国海军的最高行政领导机构是海军部。中国人民解放军海军于1949年4月正式成立，1950年4月成立了海军领导机关，并相继组建了北海、东海和南海三个舰队。它划分为水面舰艇、潜艇、航空兵、岸防兵以及陆战队等兵种和各种勤务保障部队。

空军

空军就是以空中作战为主要任务的军种，主要由多种航空兵组成，并编有地空导弹兵、高射炮兵与雷达兵等。有的国家的空军还编有地战略导弹部队和空降兵，通常设有领导指挥机关，编有战斗、勤务保障部队、院校以及科研机构，并辖有空军基地等。各国空军的领导指挥机关名称不一，有空军部、空军司令部、空军总司令部

和空军参谋部等。其编制序列，有的为航空队、空军师、联队和中队，有的为师、团、大队以及中队，有的为航空方面队、航空团和飞行队等。空军航空兵通常装备歼击机、轰炸机、歼击轰炸机、强击机、侦察机、运输机、直升机和其他特种飞机。空军具有远程作战、快速反应、高速机动和猛烈突击能力，既能单独作战，又能协同其他军种作战。

空军是从陆军中建立航空兵部队开始逐步发展起来的。第一次世界大战前夕，美、法、英、俄、德和意等国在陆军中组建航空兵部队。1918 年 4 月，英国首先建立皇家空军，使空军成为一个独立的军种。第二次世界大战期间，空军得到飞速发展。中国也是建立航空部队较早的国家之一，1928 年，国民党政府开始建立统一的空军。当今，世界上已经有 130 多个国家和地区建立了规模不同的空军。空军是现代战争的重要力量，对战争的进程和结局，能产生重大影响。

防空军

防空军就是以防空作战为主要任务的军种。主要有歼击航空兵、地空导弹兵、高射炮兵、雷达兵以及其他专业兵。主要装备有歼击机、高射炮、雷达和地空导弹等。它能单独或者在其他军种、兵种协同下组织防空战役，实施防空作战。

防空军是随着空袭反空袭兵器的发展，在防空部队的基础上建立起来的。第一次和第二次世界大战，空军的建立与发展，极大地促进了防空部队的建立和发展。为统一领导指挥担负要地防空任务的部队，苏联于 1941 年 11 月设立了国土防空军司令部，1948 年将

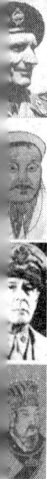

国土防空部队组建成国土防空军，正式作为独立的军种，1981 年 1 月易名为防空军。

目前俄罗斯防空军有防空导弹兵、防空航空兵与无线电技术兵，编有防空集团军、防空军、防空师等。世界上只有少数国家建有防空军，多数国家将防空部队编入空军，也有编入陆军和海军的。中国人民解放军于 1950 年成立防空司令部，1955 年成立防空军，它由高射炮兵、雷达兵、探照灯兵以及其他专业兵组成，后并入空军。

兵种

兵种是军种在其组成上，按照主要武器装备、作战任务与技术战术特性所划分的基本种类。现代兵种多达几十个，每个军种都有五个以上的兵种。

现代陆军的主要兵种有：步兵、装甲兵、炮兵、工程兵、通信兵、化学兵、导弹兵、陆军防空兵和陆军航空兵等。现代海军的兵种主要有：水面舰艇部队、潜艇部队、海军航空兵、海军岸防兵以及海军陆战队等。现代空军的兵种主要有：航空兵、高射炮兵、地空导弹兵、雷达兵、工程兵、铁道兵、化学兵、通信兵、电子对抗部队、侦察部队以及反侦察部队等。备兵种一般设有领导指挥机关，编有部队、分队及院校和科研机构。有些国家将兵种按任务性质区分为战斗兵种、战斗支援兵种与战斗勤务支援兵种，有些国家将兵种区分为作战兵种与勤务保障兵种。

随着科学技术在军事领域的广泛运用，还将有新的兵种出现。如：俄罗斯已于 1994 年组建了军事航天兵，该兵种从战略火箭军中划分出来，直接归国防部指挥。它的具体任务是进行战略侦察、气

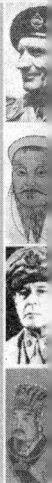

象测绘与监督削减战略核武器条约的履行等。军事航天兵的地面装备与设施包括计算机中心、控制和接收航天器的高技术器材，轨道参数测量设备，以及通信、电视和光学观察器材等。

炮兵

炮兵就是以火炮、火箭炮以及战役战术导弹为基本装备，进行地面火力突击任务的兵种，它是陆军的重要组成部分和主要火力突击力量。炮兵的最突出特点即具有强大的火力、较远的射程、良好的精度以及较高的机动能力，它能集中、突然、连续地对地面与水面目标实施火力突击。

炮兵主要用于支援、掩护步兵以及装甲兵的战斗行动，并和其他兵种、军种协同作战，也可独立进行火力战斗，炮兵在历史上有"战争之神"的称号。

炮兵按装备战斗性能可以分为榴弹炮兵、加农炮兵、山地炮兵、火箭炮兵、迫击炮兵、反坦克炮兵以及地地战役战术导弹部队。山地炮兵是以轻型加农炮、榴弹炮与迫击炮为主要装备，用于在山地和难以通行的大起伏地作战的炮兵；反坦克炮兵是以反坦克武器为基本装备，以击毁敌坦克和装甲车辆为基本任务的炮兵，又叫反坦克歼击炮兵、防坦克炮兵等；地地战役战术导弹部队是以地地战术导弹、反坦克导弹和地空导弹作为基本装备，在战术范围内以火力支援地面部队作战以及掩护地面部队对空安全的部队。

50 年代以来，许多国家研制、装备新式炮兵武器，从而出现了反应更快、射程更远、精度更高、威力更大、自动化程度更高的新型炮兵部队。

防化兵

防化兵是军队中担负防化保障任务的专业兵种，又称化学兵或者防化学兵。它主要由核观测、化学辐射侦察、洗消、喷火以及火烟等部队、分队组成。

防化兵的主要任务是：实施化学和核辐射侦察；实施消毒与消除沾染；实施喷火，协同步兵作战；施放烟幕，掩护部队行动；指导部队对核武器、化学武器与生物武器的防护。

防化兵是第一次世界大战期间，各交战国为使用化学武器而开始建立的。当前，世界大多数国家的军队中都建立有防化兵。中国人民解放军防化兵是中华人民共和国成立之后，为适应现代战争的需要组建的。中国人民解放军防化兵建立后，逐步形成了以群众性防护为基础、专业兵保障为骨干的防护体系。

海军陆战队

海军陆战队是海军中担负渡海登陆作战任务的兵种，在有的国家叫海军步兵。海军陆战队通常由陆战步兵、炮兵、装甲兵、工程兵与侦察通信等部队、分队组成。有的还编制有航空兵，一般按师、团和营的序列编制。

它的主要装备是步兵自动武器、轻便自行火炮、地空导弹、水陆坦克、两栖装甲输送车、气垫船、固定翼飞机以及直升机等。其任务是独立地或协同陆军实施渡海登陆作战、反登陆作战。在协同陆军登陆时，通常担任登陆先遣队，首先突击上岸，保障后续梯队登陆，也可配合陆军担负海岸防御任务。

15 世纪—16 世纪，一些国家为了向海外扩张，创建了经过专门训练的登陆作战部队。17 世纪中期，英国建立了海军步兵团。此后，俄国、葡萄牙、法国、西班牙和美国等先后也建立了海军陆战团和海军陆战队。第二次世界大战中，海军陆战队迅速发展，各国的海军陆战队在登陆作战中发挥了重要作用。第二次世界大战后，美、英等国还多次把海军陆战队用于局部战争。90 年代初，世界上有五十多个国家和地区的军队编有海军陆战队。

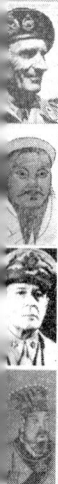